# KPEWI DURORP
## Language of the Bororp of the Korup ethnic group

T0319237

**Ekpe Inyang**

*Langaa Research & Publishing CIG*
*Mankon, Bamenda*

*Publisher*
*Langaa* RPCIG
Langaa Research & Publishing Common Initiative Group
P.O. Box 902 Mankon
Bamenda
North West Region
Cameroon
Langaagrp@gmail.com
www.langaa-rpcig.net


Distributed in and outside N. America by African Books Collective
orders@africanbookscollective.com
www.africanbookcollective.com


ISBN: 9956-792-84-5

DISCLAIMER
All views expressed in this publication are those of the author and do not necessarily reflect the views of Langaa RPCIG.

# Table Of Contents

# Preface – Akpukwen

Durorp is a language spoken by a minority group of people, Bororp of the Korup ethnic group (some inhabiting the South Western part of Cameroon and others the South Eastern tip of Nigeria), who are said to have migrated originally from somewhere in the Central African Republic. It is an interesting semi-Bantu, or Bantoid, language which, unfortunately, has not received the literary and academic attention it deserves.

The first attempt at writing the language was by an Orkoyorng man, Eyoh Otu Ekpenyong, who hatched what he titled *Buka Bunde*. *Buka Bunde* concentrated mostly on assigning Durorp the equivalents of some English words and expressions, which qualifies it as a kind of mini bilingual dictionary.

The second attempt was by a foreign postgraduate student who had the interest in and opportunity of doing her Masters thesis on Durorp. Her thesis, like *Buka Bunde*, focused more or less on English equivalents of words and simple expressions, albeit with some attempt at the linguistic dissection of the language.

*Kpewi Durorp* is the third attempt at bringing Durorp into the public domain, and is a more detailed introduction to the language. It contains sixteen chapters which address important elements of grammar, with some including mini bilingual dictionaries, with words organised not alphabetically but thematically, with the singular aim of facilitating learning and easy acquisition of the language. There is also a Durorp-

English Dictionary that accompanies this publication, to facilitate the development of Durorp vocabulary.

The writing of *Kpewi Durorp* was inspired by Offy's (my then ten year old daughter's) Grade 6 assignments in which the teacher asked the pupils to write from 1 to 30, and to also compose prayers, in their various languages. Offy's interest in the assignments fundamentally exposed my neglect of this equally significant aspect of her education, and this posed a great challenge to me.

The task initially involved a lot of personal recollection, to test my own ability to communicate fluently in Durorp, as it were, despite my many years of not having Kororp people to speak with regularly. But as time went on it became necessary for me to plunge into some rigorous research, consulting other Kororp people and even holding small workshops with them, for validation of what I had managed to write and for tapping some additional ideas on other important words and expressions that need to be considered.

The study has revealed that Durorp is a very rich and fascinating language that, like every other language, has borrowed substantially from other (neighbouring and distant) languages. Another important observation is that there are a good number of words and expressions in Durorp that have no direct English equivalents, and vice versa.

Inasmuch as the initial effort was to help Offy satisfy her thirst to learn her language, the purpose of the bigger task of writing *Kpewi Durorp* remains to help the learner acquire the language with minimal strain.

This book, despite its apparent thoroughness, is still considered a bata version and is open to criticisms aimed particularly at improving it both in linguistic quality and pedagogical approach. I, therefore, urge every user—a Kororp person or a non-Kororp person with skills and expertise in linguistics or interest in Durorp—to make meaningful suggestions or contributions.

Ekpe Inyang
Buea, 23 November 2010

# Root and Dialects of Durorp, the Language of Kororp

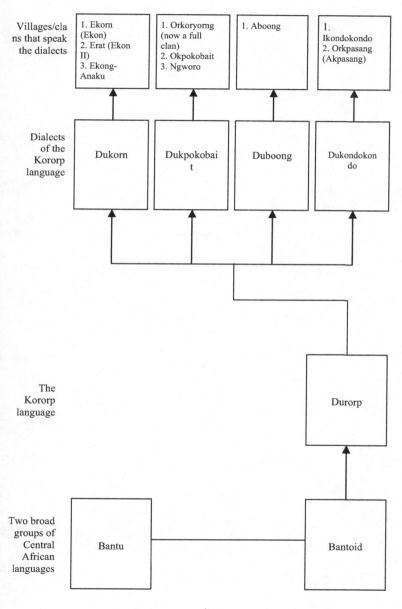

**Villages/clans that speak the dialects**

1. Ekorn (Ekon)
2. Erat (Ekon II)
3. Ekong-Anaku

1. Orkoryorng (now a full clan)
2. Okpokobait
3. Ngworo

1. Aboong

1. Ikondokondo
2. Orkpasang (Akpasang)

**Dialects of the Kororp language**

Dukorn

Dukpokobait

Duboong

Dukondokondo

**The Kororp language**

Durorp

**Two broad groups of Central African languages**

Bantu

Bantoid

# Chapter 1

## Alphabet – Dutina Da Buyairi

### 1.1 Introduction

Durorp is made up of twenty (21) letters of the alphabet—
five (6) vowels and fifteen (15) consonants. The consonants
that are absent in the language are c (as it is replaced by k,
except in comination with "h"), g (except in comination
with "n"), h (except in comination with "e" or "ng"), l, x, and
z. Therefore, the letters of the alphabet in Durorp are:

a  b  ch  d  e  f  i  j  k  m  n  o  orp  q  r  s  t
u  w  y

It should, however, be noted that the consonant "j" has a
sound in Durorp but does not begin a word, except a
borrowing, and comes in between nouns like Ojom and
Ojong. The consonants "p" and "h" appear in words but are
very silent; more commonly, "p" is combined with "k" to
produce "kp" and "h" with "ng" to produce "ngh". The
consonants "l", "x", and "z" do not exist at all in Durorp,
even as "silent letters".

### 1.2 Vowels – banchangdormorn

a    as in "aton" (wife)

e    as in "ebia" (dog)

1

i     as in "inornoi" (finger)

o     as in "onerom" (a man)

**or**     as in "orne" (human/person)

**u**     as in "unorn" (fowl)


## 1.3 Consonants – bambabadormorn

**b**     as in "bari" (leave)

**ch**    as in "chooka" (shout)

**d**     as in "dia" (eat)

**f**     as in "fina" (disturb/trouble)

**j**     as in "Ojom" (a Korup name)

**k**     as in "kuba" (hold)

as in "kpara" (hang; don't)

as in "kwei" (sweep)

**m**    as in "mina" (squeeze)

**n**     as in "ngo" (you)

      as in "kpang" (hear)

2

as in "ngha" (like)

**p**    as in yorp (deceive)

**q**    as in "quai" (come)

**r**    as in "rik" (return)

**s**    as in "sorba" (boil)

**t**    as in "tibe" (happen)

**w**    as in "wiba" (fasten)

**y**    as in "yonene" (spin/turn)

# Chapter 2

## Counting - Dukuk

### 2.1 Introduction

Counting in Durorp is both fascinating and demanding. Fascinating because of the sequence, and demanding because of the variations in saying some of the numbers as dictated by the noun or pronoun they denote. Also, counting in tens is alternated with counting in fives, as can be seen, for instance, in counting from 1 to 10, 11 to 15, 16 to 20; 21 to 30, 31 to 35, 36 to 40, etc.

### 2.2 Numbers

**1 BUNI**
2 Buwan
3 Bunan
4 Bunai
5 Buneng
6 Kasakasa
7 Bunai na bunan
8 Changha-changhanai
9 Buneng na bunai
**10 DIO**
11 Dio na buni
12 Dio na buwan
13 Dio na bunan
14 Dio na bunai
**15 DOKUN**

16 Dokun na buni
17 Dokun na buwan
18 Dokun na bunan
19 Dokun na bunai
**20 DAKANDO**
21 Dakando na buni
22 Dakando na buwan
23 Dakando na bunan
24 Dakando na bunai
25 Dakando na buneng
26 Dakando na kasakasa
27 Dakando na bunai na bunan
28 Dakando na changha-changhanai
29 Dakando na buneng na bunai
**30 DAKANDO NA DIO**
31 Dakando na dio na buni
32 Dakando na dio na buwan
33 Dakando na dio na bunan
34 Dakando na dio na bunai
**35 DAKANDO NA DOKUN**
36 Dakando na dokun na buni
37 Dakando na dokun na buwan
38 Dakando na dokun na bunan
39 Dakando na dokun na bunai
**40 NAKADO NAWAN**
41 Nakando nawan na buni
42 Nakando nawan na buwan
43 Nakando nawan na bunan
44 Nakando nawan na bunai
45 Nakando nawan na buneng
46 Nakando nawan na kasakasa
47 Nakando nawan na bunai na bunan

48 Nakando nawan na changha-changhanai
49 Nakando nawan na buneng na bunai
**50 NAKANDO NAWAN NA DIO**
51 Nakando nawan na dio na buni
52 Nakando nawan na dio na buwan
53 Nakando nawan na dio na bunan
54 Nakando nawan na dio na bunai
**55 NAKANDO NAWAN NA DOKUN**
56 Nakando nawan na dokun na buni
57 Nakando nawan na dokun na buwan
58 Nakando nawan na dokun na bunan
59 Nakando nawan na dokun na bunai
**60 NAKANDO NANAN**
61 Nakando nanan na buni
62 Nakando nanan na buwan
63 Nakando nanan na bunan
64 Nakando nanan na bunai
65 Nakando nanan na buneng
66 Nakando nanan na kasakasa
67 Nakando nanan na bunai na bunan
68 Nakando nanan na changha-changhanai
69 Nakando nanan na buneng na bunai
**70 NAKANDO NANAN NA DIO**
71 Nakando nanan na dio na buni
72 Nakando nanan na dio na buwan
73 Nakando nanan na dio na bunan
74 Nakando nanan na dio na bunai
**75 NAKANDO NANAN NA DOKUN**
76 Nakando nanan na dukun na buni
77 Nakando nanan na dukun na buwan
78 Nakando nanan na dukun na bunan
79 Nakando nanan na dukun na bunai

**80 NAKANDO NANAI**
81 Nakando nanai na buni
82 Nakando nanai na buwan
83 Nakando nanai na bunan
84 Nakando nanai na bunai
85 Nakando nanai na buneng
86 Nakando nanai na kasakasa
87 Nakando nanai na bunai na bunan
88 Nakando nanai na changha-changhanai
89 Nakando nanai na buneng na bunai
**90 NAKANDO NANAI NA DIO**
91 Nakando nanai na dio na buni
92 Nakando nanai na dio na buwan
93 Nakando nanai na dio na bunan
94 Nakando nanai na dio na bunai
**95 NAKANDO NANAI NA DOKUN**
96 Nakando nanai na dokun na buni
97 Nakando nanai na dokun na buwan
98 Nakando nanai na dokun na bunan
99 Nakando nanai na dokun na bunai
**100 IKIE (NYINI)**
**200 MUNKIE MUWAN**
**300 MUNKIE MUNAN**
**400 MUNKIE MUNAI**
**500 MUNKIE MUNENG**
**600 MUNKIE KASAKASA**
**700 MUNKIE MUNAI NA MUNAN**
**800 MUNKIE CHANGHA-CHANGHANAI**
**900 MUNKIE MUNENG NA MUNAI**
**1,000 TORSIN (QUONI)**
**1,000,000 MIRIORN (QUONI)**
**1,000,000,000 BIRIORN (QUONI)**

8

## 2.3 Some Mathematical language

| Operations | | | Examples | |
|---|---|---|---|---|
| **Durorp** | **English** | **Signs** | **Durorp** | **English** |
| Baba | Plus (Add) | + | Dio baba bunan | Ten plus three |
| Tor | Minus (Subtract) | - | Dio tor bunai | Ten minus four |
| Chuwere nta | Multiplied by | x | Dio chuwere nta orwan | Ten multiplied by two |
| Tuk a bikaim | Divided by | ÷ | Dio tuk a bikaim biwan | Ten divided two |
| Bubura | Equals | = | Dio baba dio bubura | Ten plus ten equals |

## 2.4 Different ways of saying the same number

| Group | Examples | 1 | plural | 2 | 3 | 4 | 5 | 7 | 9 |
|---|---|---|---|---|---|---|---|---|---|
| 1 | bien | buni | bien | buwan | bunan | bunai | buneng | bunai na bunan | buneng na binai |
|  |  | - | borkor | bawan | banan | banai | beneng | banai na bunan | beneng na binai |
| 2 | bekork | baini | bekork | bawan | banan | banai | beneng | bani na banan | beneng na bani |
| 3 | chap echari chop etom ekpere | chaini | ichap ichari ichop itom ikpere | iwan | inan | inai | ineng | inai ninan | ineng ninai |
| 4 | itum ikot itort Inei intork | nyini | muntum munkot muntort munei muntork | munwan | munan | munai | muneng | muanai na munan | muneng na munai |
| 5 | dona dabai dekeit doronghi | daini | nona nabai nekeit noronghi | nawan | nanan | nanai | neneng | nanai na nanan | neneng na nanan |
| 6 | usan utang utoninkang una'an | quni | nasan natang notoninkang nana'an | nawan | nanan | nanai | neneng | nanai na nanan | neneng na nanan |

10

| | unan | | nanan | | | | | | |
|---|---|---|---|---|---|---|---|---|---|
| 7 | dukam<br>dunang<br>durorp<br>dukwang | duni | nikam<br>ninam<br>nirorp<br>nikwang | niwan | ninan | ninai | nineng | ninai na ninan | nineng na ninai |
| 8 | korsowa<br>kakam<br>kakang<br>kekpeit<br>kornorngha<br>kantak<br>kenei<br>karia<br>kaana | kaini | borsorwa<br>bakam<br>banang<br>bekpeit<br>bornorngha<br>bantak<br>benei<br>baria<br>baana | bawan | banan | banai | beneng | banai na banan | beneng na banai |
| 9 | tian<br>kini | kini | bian<br>bini | biwan | binan | binai | bineng | binai na binan | bineng na binai |
| 10 | kwen<br>aton<br>orom<br>ntem | quoni | ben<br>baton<br>borom<br>bantem | bawan | banan | banai | beneng | banai na banan | beneng na banai |

# Chapter 3

## Greetings – Uchaina

### 3.1 Introduction

Greetings in Durorp, as in many other African languages, takes the form of questions. The table below contains a few forms of greetings.

### Practice - Dukpewi

**Scene 1**
Awor     : A yaini?
Manfoorn: I na ngo. Baikait a?
Awor     : Bere. Be ngo a?
Manfoorn: Bere.

**Scene 2**
Ikwor   : A re?
Osere   : O-oo. A rik?
Ikwor   : O-oo.

**Scene 3**
Eyork   : A re?
Erera   : O-oo. A quai?
Eyork   : O-oo.
*(After a while)*
Eyork     : Norngha-o.
Erera     : I na ngo?
*(Eyork leaves)*

13

## 3.2 Simple greetings

| English | Durorp | Response |
| --- | --- | --- |
| How are you? | Baikait a/Baikait baingo a? (to many=Baikait baimbon a?) | Bere (It is there/fine) |
| And you? | Baingo a? (How about yours?) (to many=Baimbon a?) | Bere (It is there/fine) |
| Good morning | A yaini? (Have you woken?) (to many=Bu yaini?) | I na ngo (Yes, and you too; note that the "I" is the short form of "inhi" which means "Yes") |
| Good afternoon | A re? (Are you there?) (to many=Bu re?) | O-oo (Yes) |
| Good night | Norngha-o (Sleep, OK? (to many=Norngha nor-o) | I na ngo (Yes, and you too) (to many=I na mbon |
| Welcome | A rik? (Have you returned?) (to many=Bu rik?) | O-oo (Yes) |
| Welcome | A qai? (Have you come?) (for a visitor who has to return (to many=Bu qai? | O-oo/ehn/inghi (Yes) |
| Thank you | Asai o (You have done it) (to many=Bu sai o) | O-oo/ehn (Yes) |

# Chapter 4

## Nouns – Bantainaniin (Sing=Antainaniin)

### 4.1 Introduction

A noun is a name of a person, animal, place or thing. There are compound nouns which represent those of persons and places and special things. There are also common nouns that represent thos of animals and things. Nouns can be abstract, such as feelings, or can be divided into countable and uncountable. **Bantainaniin** literally means "those that denote names".

### 4.2 About original Kororp names - Ubangha amang a niin na Kororp

| Male names | Female names | Unisex names |
|---|---|---|
| Anki | Akon | Aboork |
| Akparika | Akoon | Ayong |
| Akpairi | Akwai | |
| Anaman | Ambang | |
| Anya | Anum | |
| Anyam | Ato | |
| Arera | Ayaan | |
| Aroong | Ayaang | |
| Awor | Beyaani | |
| Beya | Manfoorn | |
| Duchorma | Ngworn | |

| | | |
|---|---|---|
| Dayawa | Nyam | |
| Ekpor | Okum | |
| Enoom | Okumanka | |
| Etang | Oreng | |
| Ewon | Oroka | |
| Eyoh | Oryorka | |
| Eyok | | |
| Mbeh | | |
| Mboh | | |
| Mburu | | |
| Mburukem | | |
| Ndifon | | |
| Nkum | | |
| Nkumanang | | |
| Obasi | | |
| Obiri | | |
| Ojom | | |
| Okuma | | |
| Orume | | |
| Osere | | |
| Usim | | |
| Usua | | |

## 4.3 About Korup families - Ubangha neyin na Korup

| No | Family names | Roots | Possible meanings |
|----|--------------|-------|-------------------|
| 1. | Bu Yeen | Ba Neyeen | People of Plums |
| 2. | Besain | Ba Esain | People of Esain |
| 3. | Besiwaan | Ba Esiwaan | People of Esiwaan |
| 4. | Beyaboorng | Ba Aboorng | People of Aboorng |
| 5. | Beyatang | Ba Eyatang | People of Eyatang |
| 6. | Buneu | Ba Uneu | People of Uneu |
| 7. | Bakainai Kaibini | Ba Kainai Kaibini | People of Ebony |

## 4.4 About languages (Sing=Durorp) — Ubangha irup

| | |
|---|---|
| Anang | Dunang |
| Durorp (Kororp Language) | Durorp |
| Ejagham | Dukpa |
| English | Dukat |
| French | Dufrench |
| German | Dujaman |
| Hausa | Dukusa |
| Ibibio | Dubiobio |
| Ibo | Dunenghe |

## 4.5 About people — Ubangha bene

| | |
|---|---|
| Anang | Orne a Anang |
| Ejagham | Orkpa |
| English | Orkat (generally used for |

17

| | |
|---|---|
| whiteman) | |
| French | Orne a French |
| German | Orne a Jaman |
| Hausa | Orne Okusa |
| Ibibio | Orne a Ibibio |
| Ibo | Orne Unenge |
| Korup | Ororp (pl=Bororp) |
| Name | diin(pl=niin) |

## 4.6 About types of people and how the are related — Ubangha bene na arangha bewora

| | |
|---|---|
| Aunt/Ancle | Aminkei amene/ama |
| Blackman | ambini orne (pl=bambini b'orne) |
| Child | kwen (pl=ben) |
| Daughter | kwen ornaton (pl=ben ba ornaton) |
| Father | amene (pl=bamene) |
| Friend | nsangha (pl=bunsangha) |
| Grand father | Amene amene/ama |
| Grand mother | Ama amene/ama |
| Husband | orom (pl=borom) |
| Man/male | ornerom (pl=bornerom) |
| Manhood | durom |
| Maternal cousin | aminkei a buman (pl=baminkei ba buman) |
| Maternal nephew or niece | kwen a buman (pl=ben ba buman) |
| Mother | ama (pl=bama) |
| Nursing mother | ormanini (pl=bamanini) |
| Your mother | Ornwha |

18

| | |
|---|---|
| Paternal cousin (pl=baminkei ba buwon) | aminkei a buwon |
| Paternal nephew or niece buwon) | kwen a buwon (pl=ben ba |
| Son ornerom) | kwen ornerom (pl=ben ba |
| Whiteman | orkat (pl=bakat/nakat) |
| Wife | aton (pl=baton) |
| Woman/female | ornaton (pl=bornaton) |
| Womanhood | duton |

## 4.7 About human body    Ubangha baikait ba orne

| | |
|---|---|
| Ankle | kort ka uworn (lirerally meaning "the neck of a foot") |
| Heel | daisiid (pl.=naisiid) |
| Armpit | ukwau (pl=nakwau) |
| Back | inum (pl= -) |
| Back-bone | kinkorng (pl=binkorng) |
| Belly | buqun (pl= -) |
| Big toe/finger | orom-nnor |
| Blood | munchai (pl=nainchai) |
| Bone | kui (pl=bui) |
| Brain | mumbop (pl= -) |
| Chin | diat (pl=niat) |
| Diaphragm | okpo (pl= -) |
| Corpse | okpo (pl=nokpo) |
| Ear | dunung (pl=inung) |
| Elbow | ikoi |
| Eye | den (pl=nen) |
| Face | dunyor (pl=inyor) |

19

| | |
|---|---|
| Finger | inornoi a ubor |
| (pl=munornoi ma ubor) | |
| Foot | uworn (pl=iworn) |
| Hair | nin (pl= -) |
| Hand | ubor (pl=ibor) |
| Head | dono (pl=nono) |
| Heart | eromnsin (pl=buromnsin) |
| Intestine | duququni (pl=buququni) |
| Jaw | dudek (pl=mundek) |
| Joint | nkorn (pl=bunkorn) |
| Knee | dorom (pl=norom) |
| Liver | kaisin (pl=baisin) |
| Lung | kifokoro (pl=bifokoro) |
| Mind | esin (pl= -) |
| Mouth | ingwha (pl=mungwha) |
| Nail | kornoort (pl=bunoort) |
| Nail (metal) | kokpokpo |
| Neck | kort (pl=biort) |
| Nose | ichon (pl=munchon) |
| Nostril | doboki da ichon |
| (pl=noboki na ichon) | |
| Pancreas | deng-deng (pl= -) |
| Rib | kui ka dutang (pl= bui |
| | Ba itang) |
| Shoulder | ebat (pl=iibat) |
| Skull | kimbokoro (bimbokoro) |
| Stomach | kormkporn (pl=bunkporn) |
| Tail | dukein (pl=nikein) |
| Throat | ekpontong (bunpkontong) |
| Toe | inornoi uworn |
| (pl=munornoi ma uworn) | |
| Tongue | dara (pl=nara) |

| Tooth | denen (pl=nenen) |
|---|---|
| Vein | dusuwi (pl=isuwi) |
| Waist | konun (pl=bunun) |
| Wrist | kort ka ubor (lirerally |
| meaning "neck of hand") | |

## 4.8 About Illnesses　　　Ubangha bumork

| Abscess | anyeng (pl=nanyeng) |
|---|---|
| Boil | keyini (pl=buyini) |
| Catarrh | ichon |
| Catarrh | ichon inunu |
| Chicken pox | osi |
| Cough | korngha |
| Craw-craw | dunanau |
| (pl=kananau/bunanau) | |
| Fever | ufiep |
| Headache | dono dekorikot (the |
| illness)/bukot dono (trouble) | |
| Leprosy | andoron |
| Mumps | mumkpungukpungu |
| Korngha | cough |
| Phlegm | mkpork a korngha |
| Spittle | kornyorni |
| Stomach ache | buqun |
| Tonsillitis | usiritorng |

## 4.9 About human life Ubangha ikpein and behaviour na uwem orne

| | |
|---|---|
| Abuse | kanai (pl=munai) |
| Anger | buru-esin |
| Apology | kikpe |
| Art/creativity | buka |
| Avoidance | korkworn |
| Bad heart | obei esin |
| Bad heartedness | bubiap esin |
| Beauty | enorm/bunorm |
| Beginning | akpantorngho |
| Behaviour | emana/kiro |
| Bitterness | busaiki |
| Blackness | kaibin |
| Boastfulness | dufamini |
| Body odour | korum ka baikait |
| Call | dukona |
| Cheat | amoi |
| Childishness | dien |
| Cleverness | bukorn-nen |
| Colour | kolor |
| Trick/Con | ifiork |
| Conk | imbot |
| Cry | munchen |
| Curse | itemi |
| Death | dukwor |
| Deceit | utikere |
| Delay/hesitation | ubowa ini |
| Destruction | ochorka |
| Dilly-dallying | ukparara |
| Discussion | nneme |

| | |
|---|---|
| Effort | ifik |
| End | akpatire |
| Evil/badness | ubaii |
| Fairness (of body) | buchoya koron |
| Feelings | nsai |
| First | akpa-ntorngor |
| Foolhardiness | kembeet |
| Foolishness/imbecility | orbei/kitu |
| Fright/Fear | buriem |
| Good behaviour | bunorm emana |
| Good heart | bunorm esin |
| Good/kind heartedness | bunorm esin |
| Gossip | keche |
| Grave | dunwha |
| Happiness/Joy | buneke esin |
| Hatred | deyen |
| High temper | butort-esin |
| Holiday | dekwei da kerek |
| Hunger | munkwou |
| Idleness | kire |
| Ill-luck | efore |
| Intelligence | mumbok/kimbokoro (brain/skull) |
| Issue | ukwen |
| Jealousy | isin enyin |
| Kick | duman |
| Kindness | bunorm kiro |
| Last | akpa-tire |
| Laugh | dusek |
| Laughter | desek |
| Laziness | bubian |
| Learning | ukpewiri |

| | |
|---|---|
| Life/lifestyleikpain/ | emana |
| Look | keket |
| Love | dayawa |
| Luck | orfa |
| Marriage | daban |
| Money | inei (pl=munei) |
| Ostentation | butena-beket/bukpam-beket |
| Outsmarting | duyorp |
| Owner | anchorma |
| Plan | ediemi |
| Plot | kenemi |
| Plot (against) | kichu |
| Practice | dukpewi |
| Pride/Arrogance | bunning-beket |
| Problem | nfina |
| Rampage | ochorka |
| Redness | koron |
| Refusal | desin |
| Respect | ukpono |
| Rest | kerek |
| Richness | duchorma da munei |
| Rumour | keche |
| Selfishness | bukparn |
| Senility | dunum |
| Shame | itorn |
| Shouting/din | kochok |
| Slap | ufia |
| Smell/ordour | korum |
| Smile | imum |
| Spoil | bowa |
| Stubbornness | bukorn-dono |
| Stupidity | kisiya |

| | |
|---|---|
| Surprise | bukwa-baikait |
| Sweetness | bunyenghe |
| Talk | ukwen |
| Thief | ochu |
| Thirst | koi |
| Thought | ekikere (pl=bukikere) |
| Trouble | ntume |
| Ugliness | bubaii |
| Unhappiness/sadness | buru esin |
| Unkindness | bubiab kiro |
| Waste | ubowa |
| Weakness | bukporkor |
| Wealth | duchorma |
| Whiteness | kobot |
| Wickedness | ibak |
| Wisdom | buroro |

## 4.10 About the senses     Ubangha iboror a baikait

| | |
|---|---|
| Hearing | Dukpanghini |
| Sight | Duninghini |
| Smell | Duruumani |
| Taste | Dukpanghini |
| Touch | Dukpukiri |
| The blind | abumkpuk |
| The deaf | orne-inung |
| The dumb | Emuum |
| The lame | orne-mbuni |
| Blindness | bumkpuk |
| Deafness | inung |
| Dumbness | imum |

| | |
|---|---|
| Lameness | mbuni |

## 4.11 About God — Ubangha Obasi

| | |
|---|---|
| Bible | Nkwet Obasi |
| Celebration | idara |
| Christmas | diet/ukap-idisua |
| Church | Enor a Obasi/ereri |
| | (pl=inora Obasi/ereri) |
| Commandments of God | Bumbet ba Obasi |
| Son of God | Kwen a Obasi |
| Disciples | Ekpere erem |
| The Appostles | Buumbet ba Obasi |
| Heaven | Echong a Obasi |
| Hell | dusai da setan |
| Jesus | Yisors, Yises |
| Holy Communion | daria da Orbasi |
| Law | Mbet ((pl=bumbet) |
| New | obufa |
| New Year | obufa diet |
| Prayer | akam |
| Pray | borng |
| Satan | setan (pl=busetan) |
| Son of God | Kwen a Obasi |
| Song | dortor (pl=nortor) |
| Shadow | ukot |
| Spirit | kankanghana |
| Holy Spirit | Kankanghana ka Obasi |
| Soul | ikpong |
| World | kaibain |
| Sin | ubaii |

26

| Temptation | iromo |
|---|---|

## 4.12 About house — Ubangha enor

| Back yard | dorongi |
|---|---|
| Bolt | dukpangha |
| Door | itum |
| Front yard | utung |
| Key | ukporkere (pl=norkporkere) |
| Lock | dorkin |
| Pillar | dootuuma |
| Roof | echong enor (meaning upper part of the house) |
| Storey building | enor echong |
| Veranda | hoteke (pl=neteke) |
| Wall | dubut |
| Window | windo (pl=buwindo) |

## 4.13 About types of buildings and parts — Ubangha utor inor na bikaim (sing=kikaim)

| Bank | enor amunei |
|---|---|
| Centre | ufort |
| Court | enor esop |
| Front | dunyor |
| Front yard | utung |
| Back/rear | dorbork |
| Backyard | doronghi |
| Middle | ufort |
| House | enor |
| Hospital | enor a bian |

| Market | okum |
| Prison | enor a mkpokobi |
| School | enor a nkwet |
| Village/town/city | dusai (pl=nisai, when giving number or "isai" for unspecified number) |

## 4.14 About living room    Ubangha orsam

| Beer/wine | munok |
| Hall/parlour | orsam |
| Palm wine | orkem |
| Seat/chair | korsorwa |
| Table | okpokoro |
| Table chair | orkpakara |

## 4.15 About bedroom and toiletna eno usaing    Ubangha ubet

| Bed | kornorngha |
| Bed sheet | eta a kornorngha |
| Comb | kakpai |
| Lamp | utonikang |
| Mirror | okut-iso |
| Needle | abiabun |
| Needle (big type) | okumi |
| Pen-knife | ndundian |
| Pillow | udoribot |
| Razor | desor |
| Scissors | ufat-nkpor |

| | |
|---|---|
| Soap | suorp |
| Syringe | abiabun |
| Towel | tawet |
| Water | mini |

## 4.16 About clothes      Ubangha ita

| | |
|---|---|
| Blouse | buba (pl=bububa???) |
| Breast-wear | uwab-eba (nawab-eba) |
| Cap/hat | itam (pl=muntam) |
| Cloth/Clothes (sing) | eta |
| Cloths/Clothes (pl) | ita |
| Handkerchief | ukwork-irinua (pl=nokwork-irinua) |
| Head tie | borkit (pl=buborkit) |
| Sandals | ikpakot a forng (literally open shoes) |
| Shirt | oforng irem (pl=norforng irem) |
| Shoe | ikpakot (pl=munkpakot) |
| Shorts | kaki (pl=bukaki) |
| Slippers | akpakpat (sing= -) |
| Trousers | anyiri iworn (pl=nanyiri iworn) |
| Underwear | iba (pl=mumba) |

## 4.17 About kitchen      Ubangha enor a ekup

| | |
|---|---|
| Boiling | dusorbari |
| cooking | ekup |
| Fire wood | imet |

| | |
|---|---|
| Fire | dion |
| Smoke | kortorng |
| Roasting | duwouwiri |
| Frying | duchomini |
| Kitchen stool | ifum (pl=munfum) |
| Knife | edising (pl=burising) |
| Light | dion |
| Mortar | urung(pl=norung) |
| Mortar pestle | dorbort d'urung |
| Pan | usan |
| Head-pan | akpankpang |
| Plate | usan ikot (pl=nasan nikot) |
| Pot | dorkorng (pl=norkorng) |
| Container | kotoma (pl=butoma) |
| Cup | korp (pl=bukorp) |
| Spoon | ikot (pl=munkot) |
| Fork | ikot a nenen (pl=munkot ma nenen) |
| Barn | utang |
| Fireplace | doona |

## 4.18 About the market  Ubangha okum

| | |
|---|---|
| Market | Okum |
| Articles of trade | Borkor b'okum |
| Banana | banana (pl=bubanana) |
| Banana (native type) | ekumambiere |
| Beans | inoorp |
| Food | daria (or bien ba daria literally meaning something to eat) |
| Meat | chap (or bien ba dokum, |

30

|  | something to satisfy hunger for meat) |
|---|---|
| Oil | munei |
| Onion | duyim d'orkat (pl= oyim orkat) |
| Onion (trad. type) | duyim (pl= oyim) |
| Pepper | otoko |
| Plantain | kakam (pl=bukam) |
| Rice | desi |
| Salt | munork |
| Something | biain (pl=borkor) |
| Sweet potato | eyo (pl=buyo) |
| Sweet yam | erim (pl=burim) |
| Vegetable | iquang (no singular) |
| Yam | karia (pl=buria) |
| Cocoyam | kaikpait (pl=bukpait) |

## 4.19 About wild animals (sing=chap) — Ubangha ichap urum

| Pest/pestsawewet | |
|---|---|
| Chameleon | okongha |
| Scorpion | ikpenyin |
| Spider | okumankpa (pl=nokumamkpa) |
| Glow worm | orukutorng |
| Millipede | enuum (pl=bunuum) |
| Centipede (pl= binumankonkon) | kinumankonkon |
| Snake | enu |
| Python | ekeng |

| | |
|---|---|
| Black mamba | ekoort |
| Viper | doorworm |
| Blue duiker | inen (pl=munen) |
| Antelope | enop (pl=bunop) |
| Red duiker | enom (pl=bunon) |
| Water chevrotain | yiut (pl=miut) |
| Baboon | ekpork (pl=bukpork) |
| Bush dog | kornornoi (pl=bunornoi) |
| Bush pig | inyenyei urum (urum meaning bush) (pl=munyenyei) |
| Chimpanzee | konou (pl=bunou) |
| Drill | etoom (pl=butoom) |
| Buffalo | ewooka (pl=buwooka) |
| Elephant | enyi (pl=bunyi) |
| Gorrila | ekpoor |
| Leopard | ekwe (pl=bukwe) |
| Long-snouted crocodile | chiong (pl=biong) |
| Mongoose | imbiet (pl=mumbiet) |
| Monitor lizard | uran (pl=naran) |
| Monkey | ewok (pl=buwok) |
| Red colobus | konumwok (pl=bunumwok) |
| Pangolin | yiang (pl=miang) |
| Porcupine | chiop (pl=biop) |
| Giant pangolin | kakaka (pl=bukaka) |
| Potto | kabia (pl=bubia) |
| Rat | ekpaii (ikpaii) |
| Giant rat | ewoort (pl=buwoort) |
| Cane rat | morni nyam (pl=bumorni nyam) |
| Squirrel | inwa (pl=munwa) |
| Tortoise | kuun (pl=buun) |
| Tree hyrax | kekpain (pl=bukpein) |

| | |
|---|---|
| Short-snouted crocodile | kawa (pl=buwa) |
| Long-snouted crocodile | choong |
| Otter | ikuyoork |
| Frog | ansang |
| Bull frog | ekpukpu a diet |

## 4.20 About fish (sing=ekwem)    Ubangha bukwem

| | |
|---|---|
| Crab | andon (pl=bundon) |
| Crayfish | dunchai (pl=bunchai) |
| Electric fish | dokui (pl=nokui) |
| Golden barb | okoroni (pl=nokoroni) |
| Mud fish | dunkon (pl=bunkon) |
| Tilapia            i | nken (pl=munken) |

## 4.21 About birds (sing=itort)    Ubangha muntort

| | |
|---|---|
| Clock bird | itort a kakam (pl=muntort ma bukam) |
| Monkey-eating eagle | enyam (pl=bunyam) |
| Guinea fowl | kenweng (benweng, when |
| giving a specific number/ "bunweng" for unspecified) | |
| Hawk | ikpor (pl=mumkpor) |
| Palm bird | itork ekai (mutort m'ekai) |
| Parrot | irum/idum (pl=mundum) |
| Pigeon (wild) | ibubui |
| Song bird | orkorng |

| Sunbird | osairai (pl=naisairai) |
| swallow | orfebere |
| Weaver bird | isosoki (pl=munsosoki) |
| Wood pecker | okumambok |
| Hornhill | ekoorn |

## 4.22 About body cover — Ubangha ankpiya bekeit

| Feathers | munkoko (sing=dukoko) |
| Hooves | mumbaat (sing=imbaat) |
| Horns | iyik (sing=duyik) |
| Quills | bukang (sing=kakang ) |
| Scales | bukwop (sing=kokwop) |
| Skin | choop |
| Slime | ikpork |

## 4.23 About hunting — Ubangha utaip

| Carbide | Kabai |
| Carbide lamp | dion da eyang |
| Cartrige/bullet | orborn |
| Fence | koorm |
| Gun | dion |
| Hole | doboki/ubok |
| Night hunting | eyang |
| Pit | erork |
| Spear | orsaam |
| Wire | waya |

**4.24 About insects          Ubangha buntak**
**(sing=kantak)**
Bee                              soi
Butterfly                        onkenenken
(pl= nenkenenken)
Dragonfly                        kimam ka ben
(pl= bimam ba ben)

Grashopper                       orfanganfoot
(pl=nafanganfoot)
Housefly                         esing (pl=busing)
Mosquito                         dunwingnwing
(pl=owingnwing)
Mud wasp                         intongho
Preying mantis                   ekoona
Sandfly                          itork (pl=muntork)
Midge                            dufufuk (pl=ofufuk)
Tse-tse fly                      kichikinyam
(pl= buchikinyam)
Wasp (like mud wasp,             imbot (pl=mumbot)
also in house)
Wasp (motsly in the wild)        inanong (pl=munanong)
Cockroach                        inkene


**4.25 About domestic Ubangha buruki (sing=eruki)**
**animals**

Cat        angwha (*m*=orom~, *f*=orman~;
pl=nangwha)
Cow        eworm (*m*= orom~,
*f*=orman~;pl=buworm)

Dog        ebia (*m*=orom~, *f*=oman~;
pl=bubia)
Fowl                    unorn (*m*=orom~,
*f*=orman~; pl=nornorn)
Goat                          ebon (*m*=orom~,F=orman~;
 pl=bubon)
Pig                          nyainyaii a okat (*m*=orom~,
*f*=orman~; pl=munyenyei)
Sheep                        enami (*m*=orom~, *f*=orman~;
pl=bunami)


**4.26 About school**          **Ubangha enor a nkwet**
                               **(pl=inor a nkwet)**
Biology                        dukpewi da ichap
Physics                        dukpewi da borkor ba bukei
Chemistry                      dukpewi da kemika
Geography                      dukpewi da kaibain
History                        mbuk a kpain
English                        Dukat
French                         Dufrench
Literature                     buyairi ba neke
Mathematics                    Ibat
Book                           nkwet
Chalk                          chork
Enlightenment                  dekwem
Learning                       dukpewi

Paper                          kobobiri (ka nkwet)
                               (pl=bubobiri ba nkwet)
Pen                            inaii a nkwet
                               (literally=book's stick;

| | |
|---|---|
| | pl=munaii ma nkwet) |
| Pencil | inaii a nkwet |
| | (literally=book's stick; |
| | pl=munaii ma nkwet) |
| Pupil/Student | kwen ankwet (pl=ben ba |
| nkwet) | |
| School | enor a nkwet (pl=inor |
| ankwet) | |
| Sheet (of paper) | kobobiri |
| Subjects | buna ba dukpewi |
| Teacher | adutaina (pl= badutaina) |
| Teaching | dutaina |

| 4.27 About land, forest and farm | Ubangha bukei, urum na dookon |
|---|---|
| Basket | kobom (pl=bubom) |
| Basket (long type) | mansai (pl=bumansai???) |
| Bundle | dobok (pl=nobok) ??? |
| Bundle (e.g. of thatch) | dubeng (e.g.dubeng d'ekai) |
| Canopy | dookuut |
| Farm | dookon |
| Chop farm | ekpang |
| New farm | ikei |
| Club | komkpon (pl=bunmkpon) |
| Cutlass | idiaii |
| Digging fork | ekoro a nenen (pl=bukoro ba |
| nenen) | |
| Farm | dokon |
| Grass | karam (pl= -) |
| Jungle | urum a kormborm |

| | |
|---|---|
| Ladder | batake (pl=natake) |
| Secondary forest | kenemi |
| Sheath | dubor |
| Spade/shovel/Hoe | ekoro (pl=bukoro) |
| Spear | osam (pl=nasam) |
| Stick | kainaii (pl=bainaii) |
| Sword | akparan ja |
| Thatch | dukakai (pl=ekai) |
| Tree | kenaii |
| Branch | kaana (pl=buna), or kanari (pl=bunari, of palm) |
| Leaf | duquang (pl=iquang) |
| Virgin forest | urum anyen |

## 4.28 About farming operations — Ubangha iwom a ekpang

| | |
|---|---|
| Clearing | duneiri |
| Felling | dioka |
| Burning | duwou |
| Hoeing | dunwerp (lit=digging) |
| Planting | etoowa |
| Slashing | dusei |
| Weeding | dusobiri |

## 4.29 About days/time (sing=daikwai) — Ubangha ikwai na ini

| | |
|---|---|
| Morning | kito |
| Afternoon | kabat |
| Evening | koori |

| | |
|---|---|
| Night | dei |
| Christmas | Diet |
| Month | uyei |
| | |
| New Year | Obufa a Diet (the stand-alone "a" is not pronounced) |
| Week | okum |
| Year | diet |

## 4.30 About weather     Ubangha daikwai

| | |
|---|---|
| Sky | echong a bukei |
| Air | eweep |
| Breeze | eweep |
| Cloud/fog | eruung |
| Cold | bioi |
| Heat | kortortort |
| Lightning | duwewei |
| Rain | mini |
| Rain cloud | eruung a mini |
| Rainbow | duyik da echong (lit=horn of the sky) |
| Raininess | orip |
| Storm | ebeb |
| Thunder | duwam |
| Wind | ofufung |

## 4.31 About the sky     Ubangha echong a dubut

| | |
|---|---|
| Moon | uyei |
| Rising sun | eyo a kito |
| Setting sun | eyo a kori |
| Star | iyoyoni (pl=munyoyoni) |
| Sun | dukwaing |

## 4.32 About physical     Ubangha borko ba urum
## features

| | |
|---|---|
| River | orkpa (pl=nakpa) |
| Lake | orkpa fururu (lit=round river; |
| Spring   duchaii da ubok (lit=hole | |
| stream) (pl= ichaii ubok) | |
| Stream | duchaii (pl=ichaii) |
| pl=nakpa nafururu) | |
| Current | kosusuwi |
| Eddy current | eriik |
| Tide | awawa |
| Mountain/hill | yhion (pl=myhion) |
| Valley | obereng (pl=nebereng) |
| Rock | inani |
| Stone | unaan |
| Gravel | orwak |
| Sand | usani |
| Mud | nortorp |
| Swamp | mbaat |

## 4.33 About travel      Ubangha duseeng

| | |
|---|---|
| Accident | asiren |
| Bag | ekpa (pl=bukpa) |
| Box | okebe |
| Crawling/Creeping | dukakiri |
| Dance | kornorm |
| Death | dukwo |
| Dream | durau |
| Fall | ebom |
| Handbag | ekpaubor (pl=bukpa b'ubor) |
| Heaviness | burou |
| Injury | unan |
| Lightness | bufebi |
| Nightmare | obaii a durau |
| Play | durum |
| Power | uduru |
| Scar | kamaat |
| Sleep | durau |
| Staggering | dutara |
| Strength | bukorn baikait |
| Tiredness | kakpai |
| Travel bag | ekpa duseeng (pl=bukpa ba duseeng) |
| Wake-keeping | kaiyaim |
| Wound | ikuka |

## 4.34 About sports      Ubangha esasais

| | |
|---|---|
| Exercise | esasais |
| Ball | borl |
| Dancing | kochou |

41

| Fight/war | enork |
| Flying | dubebiri |
| High jump | ikit |
| Running | kenweye |
| Swimming | duchork |
| Walking | duseeng |

## 4.35 About occupations    Ubangha iwom

| Blacksmith | ebariba |
| Builder | abukormi |
| Building | bukormi |
| Carpenter | kabinta |
| Craftsman | abuka |
| Craftsmanship | buka |
| Driver | adubung |
| Driving (also drive) | dubung |
| Engineer | injinia |
| Farmer | ansai nookon |
| Farming | duwom da nookoon |
| Fisherman | abukoi |
| Fishing | bukoi |
| Hunter | atutaip |
| Hunting | Utaip |
| Lawyer | dorya |
| Medical doctor | dorktor |
| Military man | orne ita |
| Nurse | nors |
| Policeman | ambin ita |
| Soldier | orne enork |
| Teacher | adutaina |
| Teaching | dutaina |

| Writer | abuyairi |
| Writing | buyairi |

## 4.36 About materials — Ubangha borkor ba bukei

| Rubber/plastic | orkpor |
| Tin/Zinc | tian |
| Iron | kokpokpo |
| Earth | bukei |
| Wood | kainaii |
| Leather | choop |

## 4.37 About environmental problems — Ubangha nfina a urum

| Deforestation | duchorkiri d'urum |
| Soil erosion | dukora da bukei |
| Land degradation | dubou da bukei |
| Soil impoverishment | dubiabiri da bukei |
| Water scarcity | unap a mini |
| Water pollution | durekeri da mini |
| Animal depopulation | unap ichap |
| Species extinction | duchunini da borkor ba urum |
| Dutort da kaibain | global warming |

## 4.38 Singular — Plural

Some words form their plurals by dropping the first vowel or second vowel and the preceding consonant and replacing these with <u>bu</u>, as follows:

43

| | |
|---|---|
| Kaana (branch) | Buna |
| Echor (snail) | Buchor |
| Keque (thorn/fish bone) | Buque |
| Ekwe (leopard/trad. Society) | Bukwe |
| Karia (yam) | Buria |
| Etom (drill) | Butom |
| Kotoma (container) | Butoma |
| Ekpang (farm) | Bukpang |
| Kekpait (cocoyam) | Bukpait |
| Kochiok (crowned eagle) | Buchiok |
| Kaiyin (civet cat) | Buyin |
| Enkei (white-nosed monkey) | Bunkei |
| Kenemi (secondary forest) | Bunemi |
| Ebia (dog) | Bubia |
| Kornorngha (bed) | Bunorngha |
| Ekwem (fish) | Bukwem |
| Enyi (elephant) | Bunyi |
| Ewok (monkey) | Buwok |
| Ewooka (buffalo) | Buwooka |
| Esing (fly) | Busing |
| Kichikinyam (tse-tse fly) | Buchikinyam (pl=bichiki-nyam, specific number of; buchikinyam, unspecified number) |
| Ekikere (thought) | Bukikere |
| Ekpere (wild yam) | Bukpere |
| Erang (louse) | Burang |
| Kormkpork (lizard) | Bunkpork |
| Korsorwa (chair) | Busorwa |
| Kornornoi | Bunornoi |
| Kantak (insect) | Buntak |
| Ekeem (bat) | Buke'em |

| | |
|---|---|
| Kankpam-beket (arrogance) | Bukpam-beket |
| Duntonini (worm) | Buntonini |

*Others with ba:*

| | |
|---|---|
| Amene (father) | Bamene |
| Ama (mother) | Bama |
| Ata utaip (hunter) | Bata utaip |
| Orkat (whiteman) | Bakat/Nakat |
| Orkpa (an ejagham person) | Bakpa |
| Ntem (a mate) | Bantem |

*Others either by replacing the first vowel with be or adding b before it:*

| | |
|---|---|
| Orne (human) | Bene |
| Kween (child) | Been |
| Orom (husband) | Borom |
| Atoon (wife) | Batoon |
| Ornerom (man) | Bornerom |
| Ornaton (woman) | Bornatom |
| Ama (mother) | Bama |
| Amene (father) | Bamene |
| Akwai (queen) | Bakwai |
| Orborn (king/chief) | Borborn |
| Ornorm (a beauty) | Bornorm |

*Others with i:*

| | |
|---|---|
| Chap (meat) | Ichap |
| Enor (house) | Inor |
| Duquang (leaf) | Iquang |
| Dutang (rib) | Itang |
| Dunang (stick from palm) | Inang |
| Durik (rope) | Irik |

| | |
|---|---|
| Ekpaii (rat) | I̱kpaii |
| Duchaii (stream) | I̱chaii |
| Duyik (horn) | I̱yik |
| Uworn (leg) | I̱worn |
| Ubor (hand) | I̱bor |

*Others by replacing the above with __mun__, as follows:*

| | |
|---|---|
| Iyoyoni (star) | Munyoyoni |
| Inyainyaii (pig) | Munyainyaii |
| Ingwha (squirel) | Mungwha |
| Itork (midge) | Muntork |
| Itort (bird) | Muntort |
| Iwon (a fly-like insect) | Munwon |
| Durek (jaw) | Mundek |
| Itum (door) | Muntum |
| Inaii (money) | Munaii |
| Kanai (abuse/insult) | Munai |
| Inornoi (finger/toe) | Munornoi |
| Imbiet (mongoose) | Mumbiet |
| Inen (blue duiker) | Munen |

*Others with __na__:*

| | |
|---|---|
| Angwha (cat) | Nangwha |
| Ansang (frog) | Nansang |
| Ayang (broom) | Nayang |
| Anyam (trad. Society) | Nanyam |
| Orsam (living room/hall) | Nasam |
| Usan (bowl/plate) | Nasan |

*Others either by replacing the first consonant ot/and first vowel with __na__ or __n__:*

| | |
|---|---|
| Orkpa (river) | Nakpa |

Daria (food)            Naria
Uran (monitor lizard)   Naran
Bian (medicine)         Nan
Anyri iwon (a trousers) Nanyiri iworn

# Chapter 5

## Pronouns – Bambantainaniin
## (Sing=Ambantainaniin)

### 5.1 Introduction

A pronoun is a word that is used in place of a noun. Pronouns can be divided into personal (those that stand for nouns), reflective (those that make reference to or reflect a noun), and possessive (those that show ownership). **Bambantainaniin** literally means "those that replace or stand for those that denote names".

### 5.2 Personal pronouns

| | |
|---|---|
| I | N/M |
| You | A (pl=/bu) |
| We | I |
| They | be |
| She | O/Or |
| He | O/Or |
| It | Bu |
| | |
| Me | Mmi |
| You | Ngo (pl=Mbon) |
| Us | Ibon |
| Them | Mbe |
| Her | Mmorng/Aye |
| Him | Mmorng/Aye |
| It | Mbor |

## 5.3 Various forms of the pronoun "it"

It should be noted that the pronoun "it" can take various forms, depending on what it refers to, as shown below:

| Beginning letters | Referent | Pronoun |
|---|---|---|
| ba, be, bi, bo, bu | Biain (something)<br>Bunang (fufu)<br>Busorwa (chairs) | mbor |
| ch, e | Chaap (an animal/a piece of meat)<br>Enyi (an elephant)<br>Etom (a drill)<br>Chioop (a porcupine) | nchor |
| da, de, do, du | Dukam (plantain)<br>Duborn (kingship)<br>Durik (a rope) | ndor |
| I | Ichon (a nose)<br>Itort (a bird)<br>Irum (a parrot) | nyor |
| a, o, or, u | Unorn (a fowl)<br>Orkem (palm wine) | nquor |
| ka, ko, ke | Korsowa (chair)<br>Karam (grass)<br>Kakam (plantains) | nkor |
| Mu, mi | Munei (money)<br>Munei (oil)<br>Mini (water) | mmor |

## 5.4 Possossive pronouns *change slightly according to the noun, as can be seen below:*

| Signal Noun | Pronoun | | | | |
|---|---|---|---|---|---|
| | My/Mine | Your / Yours | Our/ Ours | Their / Theirs | His/Her/Its; His/Hers/Its |
| Ayang (broom) | omi | ongo | obon | ormbe | ormorng |
| Atoon (wife) | | | | | |
| Baikait (body) | baimi | baingo | baibon | bembe | bemorng |
| Been (children) | | | | | |
| Biain (something) | bumi | bungo | bubon | bumbe | bumorng |
| Bukpait (cocoyams) | | | | | |
| Dariab 'food/feed) | daimi | daingo | daibon | dembe | demorng |
| Deeyen (plum) | | | | | |
| Dona (fireplace) | | | | | |
| Doronghi (backyard) | | | | | |
| Diin (name) | Dimi | dingo | dibon | dimbe | dimorng |
| Dion (gun/fire) | Dumi | dungo | dubon | dumbe | dumorng |
| Dunyor (face) | | | | | |
| Edising (knife) | aimi | aingo | aibon | embe | emorng |
| Ekpa (bag) | | | | | |
| Ekpang (farm) | | | | | |
| Enor (house) | | | | | |
| Chaap (mea(/animal) | | | | | |
| Idiaii (cutlass) | imi | ingo | ibon | imbe | imorng |
| Idior (vegetables) | | | | | |

| | | | | | |
|---|---|---|---|---|---|
| Ini (time) | | | | | |
| Imet (fuelwood) | | | | | |
| Nasan (plates/bowls) | naimi | naingo | naibon | nembe | nemorng |
| Neraii (oil palms/pal nuts) | | | | | |
| Neen (eyes) | | | | | |
| Niin (hair/hairs) | nimi | ningo | nibon | nimbe | nimorng |
| Niyik (horns) | | | | | |
| Kaikpait (cocoyam) | kaimi | kaingo | kaibon | kembe | kemorng |
| Kaakpaat (foot) | | | | | |
| Kornorngha (bed) | | | | | |
| Korsorwa (chair) | | | | | |
| Karia (yam) | | | | | |
| Munork (salt) | mumi | mungo | mumbon | mumbe | mumorng |
| Munei (oil) | | | | | |
| Tian (tin/zinc/basin) | kimi | kingo | kibon | kimbe | komorng |
| Kiriing (long basket) | | | | | |
| Ubor (hand) | umi | ungo | umbon | umbe | umorng |
| Usan (plate/bowl) | | | | | |
| Uworn (foot) | | | | | |

**When referring to biain (=something), it is followed by "bu".**

| | |
|---|---|
| My/Mine | bummi |
| Your/Yours | bungo |
| Your/Yours | bumbon |
| Our/Ours | bubon |
| Their/Theirs | bumbe |
| Her/Hers | bumorng |
| His | bumorng |
| Its | bumorng |

**When referring to, say, kakam (=plantain), it is followed by "kai/ke".**

| | |
|---|---|
| My/Mine | kaimi |
| Your/Yours | kaingo |
| Our/Ours | kaibon |
| Their/Theirs | kembe |
| Her/Hers | kemorng |
| His | kemorng |
| Its | kemorng |

## Irregular forms

*Chap*: aimi, aingo, aibon, embe, emorng
*Kwen*: omi, ongo, obon, ormbe, ormorng
*Nsangha*: aimi, aingo, aibon, embe, emorng

## 5.5 Practice          Dukpewi

| | |
|---|---|
| I am coming | N quai-quai |
| You are coming | A quai-quai |
| You are coming (pl) | Bu quai-quai |
| We are coming | I quai-quai |
| They are coming | Be quai-quai |

| | |
|---|---|
| She is coming | O quai-quai |
| He is coming | O quai-quai |
| It is coming | Bu quai-quai |
| I have come | Tah n quai (it should be noted that the "tah" can be dropped) |
| You have come | Tah a quai |
| You have come (pl) | Tah bu quai |
| We have come | Tah i quai |
| They have come | Tah be quai |
| She has come | Tah o quai |
| He has come | Tah o quai |
| It has come | Tah bu quai (i.e. something) |
| Teach me | Taaina mmi |
| Let him teach you | Nik o taaina ngo |
| Let him teach you (pl) | Nik o taaina mbon |
| Help us | Yangha ibon |
| Send them | Num mbe |
| Give her/her advice | Chang aye itaim |
| Send him/her away | Sim aye |
| Beat it | Quop mbor |
| My books | Bunkwet bummi |
| They are mine | Bure bummi |
| Your books | Bunkwet bungo |
| They are yours | Bure bungo |
| They are yours (pl) | Bure bumbon |
| Our books | Bunkwet bubon |
| They are ours | Bure bubon |
| Their books | Bunkwet bumbe |
| They are theirs | Bure bumbe |
| Her books | Bunkwet bumorng |
| They are hers | Bure bumorng |
| His books | Bunkwet bumorng |

| | |
|---|---|
| They are his | Bure bumorng |
| Its books | Bunkwet bumorng |
| They are its | Bure bumorng |
| His yams | Buria bumorng |
| My container | Kotoma kaimi |
| Their dog | Ebia embe |
| His bird | Itort imorng |
| Her salt | Munork mumorng |
| Its rope | Durik dumorng |
| Our food | Daria daibon |
| Our pot | Dorkorng debon |
| My zinc | Tian kimi |

# Chapter 6

## Adjectives – Bamtainaranghure (Sing=Antainaranghure)

### 6.1 Introduction

An adjective is a word that describes a noun or a pronoun. Put simply, it is a descriptive word or word that describes. **Bantainaranghure**literally means "those that denote or describe what it looks like".

| | |
|---|---|
| Strong | ankorn |
| Lazy | ambiani |
| Weak/Slow | amkporkor |
| Fast | amfara |
| Big | ikpor/ankang |
| Small | andiom (also used as noun)/buriki |
| New (of something) | obufa |
| Old (of something) | onum |
| Young | kwonochorn |
| Old/Elderly | ornenum |
| White | ambori |
| Black | ambini |
| Red | andon |
| Heavy | burowi-rou/erowi-rou |
| Light | bufebi-febi/efebi-febi |
| Beautiful | bunorminorm/ |

benorminorm

| | |
|---|---|
| Ugly | obei |
| Bad | bubiabi- |
| biab/ | |
| ebiabi-biab | |
| Foolish | ambei (as |
| qualifier)/ | |
| a bei (as direct | |
| insult) | |
| Stupid | ansiya/ |
| ansime (as | |
| qualifier)/ | |
| a siya/sime | |
| Fried (e.g. fried fish) | duchom (e.g. |
| ekwem a | |
| duchom) | |
| Roast (e.g. roast fish) | duwou (e.g. |
| ekwem as | |
| duwou) | |
| Boiled (e.g. boiled plantain) | dusorba (e.g. |
| kakam ka | |
| dusorba) | |
| Polatable | bu neke- |
| neke/ | |
| de neke-neke | |
| Sweet | bu nyenge- |
| yenge / | |
| ke nyenge- | |
| yenge | |
| Bitter | oseki-seki/ |
| bu seki-seki / | |
| ke seki-seki | |

| | |
|---|---|
| Sour | bu ka-kai / |
| ke ka-kai | |
| | |
| Hot | butori- |
| tort/betori-tort | |
| Cold | bunewi- |
| neu/ | |
| denewi-neu | |
| Open/bare | forng |
| Naked | bunchokoro |
| Finished | u chun |

The word "only" changes according to number forms: e.g.
i) *mbornambor* (as in buni and other nounsand noun types beginning with "b");
ii) *nchornanchor* (as in chaini and other nounsbeginning with "ch", "ech", and "e");
iii) *nyornanyor* (as in nyini and other nounsbeginning with "i");
iv) *ndornandor* (as in deni and duni and othernouns beginning with "d");
v) *nquornanquor* (as in quni and quoni andother nouns beginning with "q", "o", "n", "u");
vi) *nkornankor* (as in keni and kini and other nouns beginning with "k", and "t").

## 6.2 Practice    Dukpewi

| | |
|---|---|
| Whichever child is lazy | Ekeriri a kwen or bianini |
| it is difficult for him/her | ure kang-kang orba buut |
| to make it/prosper | usene/ bien |

| | |
|---|---|
| We like to eat boiled plantain | I ya u dia kakam ka dusorba |
| She like red clothes | Or ya andon ita |
| I like something beautiful | N ya bien bunormi-norm |
| I don't like something that is bad | N yani biain bubiabi-biab |
| It is good to eat palatable food | U nomi u dia daria neke-neke |
| Hot food is good to eat morni u dua | Daria detori-tort de |
| Cold food is not good for health    normi a beket body) | Daria denewi-neu de (for the |
| Bitter-leaf is bitter | Otou-ese or seki |
| Sugar is sweet    Suka or nyenghe | |
| The bag is too heavy for that child | Ekpa chior e rowi kpai na kwen kwor |
| Look, he is carring a light bag | Ket, morng or nwama ekpa efebi-febi |
| I have not seen such an ugly woman | N na ning utakwo obaii ornaton |

He is a fast runner          Ore amfara kenweye

The child is a slow walker        Kwen kwor ore amkporkor
duseeng
The banana is very sweet Banana kwo or nyenge
eti-eti
She is a small woman        Ore andiom ornaton

He is a fat man                 Ore ankang ornairom

He is a strong person          Ore ankorn baikait

# Chapter 7

# Verbs – Bambekosai (Sing=Ambekosai)

## 7.1 Introduction

A verb is a word that gives command or expresses an action. There are some verbs that are described as auxillary verbs by virtue of the fact that they neither give commands nor express actions but help merely in both, for example: is, are, etc. **Bambekosai**literally means "those that ask to do".

## 7.1 Auxxillary verbs

| | |
|---|---|
| Be/Am/Is/Are | de |
| Was/Were | tare |
| Able/Can (you) | a keme |
| Will (you) | a ka |
| (You) must/have/have to | a chorm |

## 7.2 Action verbs

| | |
|---|---|
| Do | sai |
| Come | quai |
| Go | kaik |
| Stand | baat |
| Sit | saa |
| Put/put on/wear | korn (but "china" when it comes |

| | |
|---|---|
| | to wrapping/tying a cloth) |
| Sleep | daat |
| Lie | norngha |
| Wake/wake up | buki |
| Eat | dia |
| Crawl/creep | kak |
| Walk | seeng |
| Stagger | tara |
| Run | ngwei |
| Kneel | kaka (norom) |
| Squat | toka |
| Jump | dama |
| Fly | bebe |
| Somersault | duki |
| Climb | Bait |
| Climb down | kpaira |
| Fall | nor |
| Kick/sting | maan |
| Kill | chion |
| Die | Kwa |
| Land/fall | Nor |
| Push | Soorba |
| Learn/study | kpewi |
| Know | dor/understand |
| Drive | bung |
| Drive away | sima |
| Paddle | bung |
| Swim | chork |
| Float | fioror |
| Sink | deng |
| Dive | diimi |
| Submerge | norba/noorba |

| | |
|---|---|
| Get lost | diim |
| Find/see | ning |
| Weed | sorp |
| Wash | choi |
| Wipe/clean | quuni |
| Litter | neep |
| Sweep | kwei |
| Scatter | sat |
| Gather | mornghene |
| Bolt | kpangha |
| | |
| Be | wisedor biain (meaning "know something") |
| Be clever | korn nen |
| Be kind/good | norm esin |
| Be bad/evil | biab esin |
| Think/reason think/reason well) | kere (e.g. tum tere, meaning |
| Remember/remind | koni |
| Talk/speak | tang |
| Shout | chok |
| Swear | taika |
| Sweer (juju) | tangha |
| Pray | borng (usually followed by "akam" e.g. borng akam) |
| Curse | tem |
| Abuse/slight | nai |
| Sing | chorn |
| Cough | chornghi (korngha) |
| Happen | tibe |
| Let it/him/them, etc. | nik/dimi |
| Leave (something) | nik |

| | |
|---|---|
| Leave (a place) | tung/bari |
| Stop | nik/dimi |
| Finish | chuna |
| Return (e.g. home) | yen |
| Return (give back) | tuna |
| Give | chang |
| Take | kor (bya giver) |
| Take | nami (by a receiver or an onlooker) |
| Refuse | sin |
| Beg/Apologise | kpe |
| Handle/care | mort |
| Bring up | sit |
| Peel | kpoi (with accent on "i") |
| Vomit | kpoi (with accent on "kp" |
| Slice (e.g. onion) | chek |
| Own | chorma |
| Play | dum |
| Dance | chou |
| Discuss | neme |
| Call | kona |
| Shout | choka |
| Sleep | daat |
| Celebrate | dara |
| Lie | norngha |
| Come here | quai ndaing |
| Stand up | buki baat |
| Sit down | saa a bukei |
| Go away | seeng kaik |
| Get out | kaik ndor/seeng kaik ndor |
| Wait | boorng |
| Rest/relax | deek |

| | |
|---|---|
| To spend the day doing nothing productive | kwait |
| | |
| Start | ntornghor |
| End/stop | tire |
| Meet | nenene |
| Fear/Avoid | kworn |
| Respect | kpono |
| Look | ket |
| See | ning |
| Hear/taste/perceive | kpang |
| Smell | duuma/ruuma |
| Touch | kpuki |
| Cut | kpa |
| Clear (e.g. throat) | kpari (kort/korngha) |
| | |
| Remove (clothes from meaning a line/under the sun) | kpari (opposite=kpara, spread out or hang) |
| Clear (to cut) | neh |
| Slash | sei |
| Burn | wuou |
| Roast | wuou |
| Singe | cheri |
| Fry | choom |
| Boil (e.g. plantain) | sorba (with accent on "so") |
| Dig | nweb |
| Push | sorba (with accent on "ba") |
| Pull | bima |
| Drag | bim |
| Fight | nuu |
| Open (the door) | chuki |
| Open (e.g. a box) | kpii |

| | |
|---|---|
| Destroy | bowa |
| Delay | bowa ini |
| Fix/repair | toni |
| Make/manufacture | tooni |
| Laugh | seek |
| Frown | ruuri |
| Cry | woong |
| Smile | muuma |
| Wound | kuka/kuuka |
| Hate | yain |
| Love | yau (use "ya" when you want to express it, e.g. "N ya ngo", "I love you"; but someone else will "yau", e.g. "yau aye", meaning "love him/her") |
| | |
| Thank/greet | chaina |
| (Let it) happen | (nik u) tibe |
| Deceive | tikere |
| Cheat | moi |
| Outsmart | yorp |
| Steal | chu |
| Tie (to tie) | korm |
| Weave | nu |
| Fight | nu |
| Plait | bork |
| Reveal | kpam |
| Split | kpam |
| Split (e.g. wood) | ngweek |
| Break (e.g. stick) | ngween |
| Break (repeatedly) | ngwek |
| Break (e.g. a glass) | biaan |
| Eat | dia |

| | |
|---|---|
| Swallow | men (e.g. medicine/spittle)/meen (e.g. fufu) |
| Crack | nem |
| Conk | mora |
| Knock | mora |
| Hit (e.g. nail) | mora |
| Nail | moort |
| Uproot | muki |
| Climb | bait |
| | |
| Climb (climb or be carried on someone's back) | kaka/kaka-kaka |
| | |
| Climb/get down | kpaira |
| Don't | kpara |
| Don't you | akpara |

## 7.3 Tenses

The following are tenses in the simple present, simple past, present continuous, present perfect, and future. It should be noted that in normal conversation the pronouns are dropped the sentences start from the auxilliary verbs. The simple present tense and simple past tense are the same.

## Simple present and past tense

| Main pronouns | Variant Pronoun | Active Verbs |
|---|---|---|
| Ibon (We) | I (We) | quai (come/came) |
| Mbe (They) | Be (They) | norngha (sleep/slept) |
| Mmorng (She/He) | Or/O (He/She) | sa (sits/sat) |
| Mmi (I) | N (I) | dia (eat/ate) |
| Ngo (You) (in singular) | A (You) | seeng (walk/walked) |
| Mbon (You) (in plural) | Bu (You) | maak (kick/kicked) |
| Mbor (It) | Bu (It) | baat (stands/stood) |

## Present continuous tense

| Main pronouns | Variant Pronoun/ Auxiliary verbs | Active Verbs |
|---|---|---|
| Ibon (We) | I (We are) | quai-quai (coming) |
| Mbe (They) | Be (They are) | nornorng (sleeping) |
| Mmorng (She/He) | Or/O (He/She is) | sorsou (sitting) |
| Mmi (I) | N (I am) | dia-dia (eating) |
| Ngo (You) (in singular) | A (You are) | seseeng (walking) |
| Mbon (You) (in plural) | Bu (You are) | makamak (kicking) |
| Mbor (It) | Bu (It is) | babaat (standing) |

| Present perfect tense, past perfect tense and future perfect tense | | |
| --- | --- | --- |
| **Main pronouns** | **Variant Pronoun/Auxiliary verbs** | **Active Verbs** |
| Ibon (We) | Ta i (We have/had/will have) | quai (come) |
| Mbe (They) | Ta be (They have/had/will have) | norngha (slept) |
| Mmorng (She/He) | Ta or/o (He/She has/had/shall have) | sa (sat) |
| Mmi (I) | Ta n (I have/had/will have) | dia (eaten) |
| Ngo (You) (in singular) | Ta a (You have/had/will have) | seeng (walked) |
| Mbon (You) (in plural) | Ta bu (You have/had/will have) | maak (kicked) |
| Mbor (It) | Ta bu (It has/had/will have) | baat (stood) |

| Simple future tense | | |
| --- | --- | --- |
| **Main pronouns** | **Variant Pronoun/Auxiliary verbs** | **Active Verbs** |
| Ibon (We) | I ka (We shall) | quai (come) |
| Mbe (They) | Be ka (They will) | norngha (sleep) |
| Mmorng (She/He) | Or/O ka (He/She shall) | sa (sit) |
| Mmi (I) | N ka (I shall) | dia (eat) |
| Ngo (You) (in singular) | A ka (You will) | seeng (walk) |
| Mbon (You) (in plural) | Bu ka (You will) | maak (kick) |
| Mbor (It) | Bu ka (You shall) | baat (stand) |

| Future perfect continuous tense | | |
|---|---|---|
| **Introductory clause** | **Pronoun/Auxiliary Verbs** | **Active Verbs** |
| Utor ini nyi diyain (By this time tomorrow) | ta i ki (We will have been) | quai-quai (coming |
| | ta be ki (They will have been) | nornorng (sleeping) |
| | ta or/o ki (She/He shall have been) | sorsou (sitting) |
| | ta n ki (I will have been) | dia-dia (eating) |
| | ta a ki (You will have been) | seseeng (walking) |
| | ta bu ki (You will have been) | makamak (kicking) |
| | ta bu ki (It will have been) | babaat (standing) |

## 7.4 "i", "bai", "or/o", "n", "a", and "bu" have come to be used to mean the following:

| | |
|---|---|
| I | We, We are |
| Bai | They, We are |
| Or/O | He/She, He/She is |
| N | I, I am |
| A | (Singular) You, You are |
| Bu | (Plural) You, You are |
| Bu (but this can take various forms) | It, It is |

## 7.5 "Will" and "Will Not"

| Noun | Pronoun | Will | Will Not | Active Verb |
|------|---------|------|----------|-------------|
| Biain (something) | | | | tibe (happen) |
| Bunang (fufu) | bu | | | neke (tasty) |
| Busorwa (chairs) | | | | nweke (break) |
| Enyi (an elephant) | e | | | ngwei (run) |
| | | | | bait (climb) |
| Etom (a drill) | | | | Nwep (dig) |
| Chiop (a porcupine) | | | | |
| Dukam (plantain) | du | | | korn (strong) |
| Duborn (kingship) | | | | norm (fine/peaceful) |
| Durik (a rope) | | | | kuwi (short) |
| Ichon (a nose) | i | ka | di | maba (block) |
| Itort (a bird) | | | | bebe (fly) |
| Irum (a parrot) | | | | tang (talk) |
| Orkem (palm wine) | or | | | nyenghe (sweet) |
| Orne (a person) | | | | quai (come) |
| Unorn (a fowl) | u | | | toya (peck) |
| Nornorn | ne | | | toi (peck) |
| Bene | be | | | quai (come) |
| Korsowa (chair) | ke | | | ngween (break) |
| Karam (grass) | | | | num (grow) |
| Kakam (plantains) | | | | nou (fall) |
| Munaii (money) | mun | | | chun (finish) |
| Munei (oil) | | | | changhi (dry out) |
| Mini (water) | | | | tort (get hot) |

## 7.6 Positive and Negative Statements

| Noun | Is/are | Positive Verb | Negative Verb |
|---|---|---|---|
| Biain (something) | bu (is/are) | tibe (happening) | tiberi (not happening) |
| Bunang (fufu) | | neke (tasty) | nekeri (not tasty) |
| Busorwa (chairs) | | ngweke (breaking) | ngwekeri (not breaking) |
| Enyi (an elephant) | e (is) | ngwei (running) | ngwei (not running) |
| Etom (a drill) | | baira (climbing) | beiri (not climbing) |
| Chiop (a porcupine) | | nwebe (digging) | nwebi (not digging) |
| Dukam (plantain) | du (is) | korni (strong) | korni (not strong) |
| Duborn (kingship) | | normi (fine/peaceful) | nor'mi (not fine/peaceful) |
| Durik (a rope) | | kuwiri (short) | kuwiri (not short) |
| Ichon (a nose) | i (is) | maba (blocked) | ibiri maba (not blocked) |
| Itort (a bird) | | | |
| Irum (a parrot) | | bebiri (flying) | beberi (not flying) |
| | | tangha (talking) | tanghi (not talking) |
| Orkem (palm wine) | or/o (is) | nyenghe (sweet) | nyengheni (not sweet) |
| Orne (a person) | | quai (coming) | quaini (not coming) |
| Unorn (a fowl) | u (is) | toi (pecking) | to'i (not pecking) |
| Nornorn (fowls) | ne (are) | bebiri (flying) | bebiri (not flying) |
| Bene (people) | be (are) | quai (coming) | quaini (not coming) |
| Korsowa (chair) | ke (is) | ngweeni (breaking) | ngweeni (not breaking) |
| Karam (grass) | | | |
| Kakam (plantain) | | numa (growing) | numi (not growing) |
| | | nor (falling) | norni (not falling) |
| Munaii (money) | | chuna (finishing) | chuni (not finishing) |

74

| Munei (oil) Mini (water) | mun (is) | changhini (drying out) | changhiinii (not drying out) |
|---|---|---|---|
| | | tornghor utort (getting hot) | tonghor utort (not getting hot) |

## 7.7 Negatives of command words

Command words in Durorp are often given negative responses by reworking them to end with "i" so that they now mean "do not", "does not", and "will not". It could also mean "am not", is not or are not, in which case although the negative responses remain the same in Durorp they should be changed to reflect continuous tense in English, as applicable. It should be noted that this formular applies also to adjectives (e.g. neke/nekeri) 'and adverbs (e.g. fara/farari). For words whose spellings of positive and negative types are the same, these are differentiated by accents, with the positive ones having theirs on the first consonant and the negative ones on the last consonant, e.g. "'biabi" (bad) becomes "bia'bi" (not bad).

| Command word | Pronoun | Negative response |
|---|---|---|
| Keme (can/able) | | kemeni (cannot/unable) |
| Dia (eat) | | diani (will not eat) |
| Que (Come) | | queni (will not come |
| Tang (talk/speak) | | tanghi (will not talk) |
| Sei (do) | | saini (will not do) |
| Daat (sleep) | | daari (will not sleep) |
| Yait (write/draw) | | yairi (will not write/draw) |
| Taina (show) | N (I) | tenani (will not show) |
| Nyi (go) | | nyini (will not go) |
| Yeen (return) | A (sing) (you) | yeeni (will not return) |
| Men (swallow/drink) | Bu (pl) (you) | meni (will not swallow/drink) |
| Maan (kick) | I (we) | maani (will not kick) |
| Chuki (open) | | chukiri (will not open) |
| Chaina (thank) | Be (they) | chainani (will not thank) |
| Daya (lick) | | dayari (will not lick) |
| Kaik (go) | O/Or (she/he) | kaiki (will not go) |
| Chou (dance) | | chowi (will not dance) |
| Chorn (sing) | Bu (it) | chorni (will not sing) |
| Baa (take/marry) | | Baani (will not take/marry) |

## 7.8 Practice        Dukpewi

| | |
|---|---|
| Lie down | norngha a bukei |
| I know<br>brackets is redundant) | (Mmi) N dor (what is in |
| You don't know | (Ngo) A doorni |
| We know | (Ibon) I dor |
| You don't know (pl) | (Mbon) Bu doorni |
| They know | (Mbe) Be dor |
| He knows | (Mmorng) O dor |
| She knows | (Mmorng) O dor |
| It knows | (Mbor) Bu dor |

N/B: To say "I don't know" you simply double the "o"and add "ni" to the "dor" (e.g. doorni, which cant't stand alone). This rule applies to other such expresions like N kwai=N kwaaini, Or re=Or reeni, U kem=U kemi. But "Don't" as a stand-alone means "kpara", as in "Don't" or Don't do it", meaning "Kpara sai."

| | |
|---|---|
| Ojom is a man | Ojom or de ornerom |
| Manfon is a woman | Manfon or de ornaton |
| You are great people | Bure orkporsorng a bene |

| | |
|---|---|
| Were you like this? | A ta de nyi-dai? |
| Can you dance? (kornorm)? | A keme uchou |
| Will you come with me? | A ka quai na mmi? |
| Will you (prefer/like to be) carried on the back? | Aka Kaaka-kaaka? |
| You must follow me immediately | A chorm u taba mmi aranghakwo |
| She is eating | Or dia-dia biain |
| She has eaten | Tah or dia biain |
| I love yams | N ya buria |
| He is digging a hole | Or nwebe doboki |
| She is weaving a mat | Or nu uboong |
| She is plaiting her her | Or borki nin nimorng |
| They are drinking wine We are drinking water | Be mene munok I choorni mini |
| They are waiting for us | Be bornghi iboon |
| Don't break the bottle | Kpara biaan ekpaime chior |

| | |
|---|---|
| Don't break that stick | Kpara ngween kainai kor |
| Bring the pot here | Baquai dorkorng dor ndaing |
| Take the food there | Ngwaam kaikne na daria dor ndor |
| What are you doing here/there? | A sai mung ma/ndor? |
| Smile with me | Seek na mmi |
| Be happy with us | Neke esin na iboon |
| Crack those kernels | Nem ichu nyor |
| Don't insult me | Kpara nai mmi |
| Don't hate him/her | Kpara yain aye |
| Love God with all your heart edomsin aingo | Yau Obasi na kporkpora |
| Play with them | Duum na mbe |
| Put on/wear your trousers | Korn anyiri-iworn ongo |
| Wear your cloth | Chiina eta aingo |
| She gave him a conk on the head | Or chang aye imbot a dono |

Tell me whether
you are not happy

Let me know if you are
not coming/going to come

Tang-chiang mmi bor
a nekeri esin

Sai mmi ndor ereqwa
a di quai

# Chapter 8

## Adverbs - Bantainaranghosai
## (Sing=Antainaranghosai)

### 8.1 Introduction

An adverb is a word that qualifies an action or a verb. In other words, it describes how an action is carried out. **Bentenaranghosai** literally means "those that denote or show how it does it".

### 8.2 Adverbs of manner

| | |
|---|---|
| Fast/Quickly | fara-fafa |
| Later/A bit/A little bit | quanaka |
| Small, small/bit by bit | buriki-buriki |
| Slowly/Gently | duchorn/ duchorn-duchorn |
| Quickly | wap-wap |
| Openly | kpororo |
| Clearly | sai-sai |
| Abruptly/Unawares | biantum |
| Red-handed | bunchokoro (lit=naked) |
| Carelessly | ntume-ntume |
| Completely/all | kpe-kpe |
| Equally | ekan-ekan |
| Secretly/Stealthily | durup- durup |

## 8.3 Adverbs of time

| | |
|---|---|
| Now/Right now/immedtaley | aranghaquo |
| Later | kwanaka/ini kwanaka |
| Long time | anyiri ini |
| Short time | kwana ini |
| Shortly | a kwana ini |
| In the day | na daikwai |
| In the morning | nakito |
| In the afternoon | nakabat |
| In the evening | nakori |
| In the night/at night:by night | nadei |
| Today | ndaikwai |
| Tomorrow/yesterday | diyainikwai |
| The day after tomorrow | daingdaikwai |
| The day before yesterday | daingdaikwai |
| Since | tornghor/ |
| tornghor-tornghor/ | |
| | siini |

## 8.4 Adverbs of place

*(Note that the vowel that immediately follows another is not pronounced but takes the sound of the one it follows:*

| | |
|---|---|
| Behind | iinum |
| In front | a dunyor |
| Under | a kornorn |
| Beside/at the side of | a dubam |
| Inside | etainghetaing |
| Outside | utung |
| Up/on/on top | echong |
| In the middle | ufort/ufort-ufort |

## 8.5 Practice

**Dukpewi**

| | |
|---|---|
| Come here quickly | Fara-fara que ndeng |
| Run fast | Fara-fara ngwei |
| Walk fast | Rafa-fara seeng |
| Speak openly | Tang kpororo |
| Speak clearly | Tang sai-sai |
| I caught her red-handed, that is why she cannot deny it | N kuba aye bunchokoro, nkwor usai or kemeni ukan |
| Come back right now | Sibidi quai aranghaquo |
| Come back later; I'm a bit tired now aranghaquo | Sibidi quai quanaka; N kpai quanaka |
| Run slowly | Ngwei duchorn duchorn |
| Climb the tree gently duchorn | Bait kainai kor duchorn |
| She walks slowly | Or seeng duchorn duchorn |
| He kicked me unawares, which is why I fell | Or mannni mmi biantum, nkwor usai N nor |
| The rain fell for so long, but finally it stopped abruptly | Mmini munorp anyiri ini, nnagha akpatire-ini mu |

neu biantum

| | |
|---|---|
| He/she arrived at night | O dioni nadei |
| He arrived a long time ago | O dioni anyiri ini |
| He/she will come the day after tomorrow | O ka quai daingdaikwai |
| He/she came the day before yesterday | O quai daingdaikwai |
| He/she shared it equally | O tuki mbor ukem-ukem |
| He is sitting on top | Or sorsou echong |
| He is sitting under | Or sorsou kornorn |
| He is sitting inside | Or sorsou aitaingaitaing |
| He is sitting in the middle | Or sorsou ufort-ufort |
| Where have they been since? | Be re mmang siini? |
| We have been here since morning | I re ma tornghor na kito. |

# Chapter 9

## Prepositions – Bantaineyainore (Sing=Antaineyainore)

### 9.1 Introduction

A prosposition is a word that shows the relationship between a thing or person and a place or another thing or person. Put another way, it shows the position of a pesron or thing in relation to a place, another thing or another person. **Bantaineyainore**literally means "those that denote or show where it is".

### 9.2 Examples of prepositions

| | |
|---|---|
| To/from/At/In/Into/on | a/u |
| Of | a (pl=ba) |
| Up/on top of | echong |
| Under | kornorn |
| In front of | a dunyor da |
| Behind | dorbork |
| Beside | a dubam |
| In the middle of | ufort/ufort ufort |
| At the centre | ufort ufort |
| Here | ndaing/mandai/ma |
| There | ndor |
| Inside | eating-etaing |
| Outside | utung |
| Beside (e.g. house) | a dubam (adubam |
| d'enor) | |

Beside (e.g. someone)        a dutang (adutang du
mmi)

## 9.3 The use of "this" and "that"

| Beginning letters | Referent | This | That |
|---|---|---|---|
| bi | Binun (bile) | bi | bor |
| kwe | Kwen (child) | quo | quor |
| Ti | Tian (zinc/tin/basin) | ki | Kor |
| ba, be, bie, bo, bu | Bien (something)<br>Bunang (fufu)<br>Busorwa (chairs) | bu | bor |
| ch, e | Chap (an animal/meat)<br>Enyi (an elephant)<br>Etom (a drill)<br>Chiop (a porcupine) | chai | chor |
| da, de, du | Dukam (plantain)<br>Duborn (kingship)<br>Durik (a rope) | du | dor |
| i | Ichon (a nose)<br>Itort (a bird)<br>Irum (a parrot) | nyi | nyor |
| a, o, u | Unorn (a fowl)<br>Unan (wound)<br>Uran (a monitor lizard) | quu | Quor |
| do | Doronghi (backyard)<br>Dona (fireside) | de | dor |

## 9.4 Practice

| | **Dukpewi** |
|---|---|
| I am going to the market | N nyi a okum |
| We have come from Church | Ta irik Ereri |
| She is returning from school | Orika enor ankwet |
| They are sitting on the floor | Besou a bukei |
| They are sitting by the river side | Besou a dubam da okpa |
| The child is up a tree kainaii | Kwen quo ore echong a |
| Fruits are ripe up the tree a kainaii | Echimini e doon echong |
| This book is on the table okpokoro | Nkwet che ere echong a |
| There is a chicken under the table | Kwen unorn ure kornorn ka okpokoro |
| Put the stick beside the house adumam d'enor | Korn kainaii kor |
| Manfon is standing beside me adutang du mmi | Manfon or babaat |
| God is by my side | Obasi ore a dutang |

87

dummi

| | |
|---|---|
| We have been here since morning | Ibare ma tornghor na kito |

# Chapter 10

## Conjunctions – Bamonghenukwen (Sing=Amonghenukwen)

### 10.1 Introduction

A conjunction is a word that joins words, clauses, or sentences together. **Bamonghenukwen** literally means "those that join words or sentences".

### 10.2 Examples of conjunctions

| | |
|---|---|
| And | na |
| With/together with | nna |
| But | nangha |
| That | a |
| So (for that reason) | antak chior |
| So that | ko |
| in order that | ko utung |
| mandior | |
| Even | nke |
| Even so/Even then | nke ndior |
| Unless/Except | tum |
| Until | kpat |
| Again | nyenene |
| Before | ko |
| Whether/or | bor |
| If | erekwa |
| Like | ngha |
| Perhaps | ncheneruk |

| | |
|---|---|
| Because | antakha |
| Also/Too | daing |
| Therefore/Thus | antakchior |
| Although/even though/though/albeit | nke |
| Either...or | bor |
| Neither...nor | ko ude |
| Then | or ba |
| However | nke ndior |
| Were it not for... | airaing...asik |
| Had it not been that... | airaing...asik |
| Like it or not | ayaya na ayani |

## 10.3 Practice — **Dukpewi**

| | |
|---|---|
| Me and you | Mmi na ngo |
| I wanted to come but it rained heavily | N chana u quai nangha mini mu norp okporsorng |
| I was just beginning to count the money when he arrived, so I hid it | Ini a N tornghor-tornghor u kuk munei mor odion quai, a ntak chior N duba mmor |
| The dog barks so that you are frightened | Ebia e choka ko buriem bu kuba ngo (caught by fright) |

It was really late, however,
he insisted on going ahead

Daikwai de
  nekere kaik,
    nke-dior, or baad

 aukaik dunyor

She said she will marry me,
unless she has changed her mind
tum or yokere
esin emorng

Orbeke a morng
 or ka ba mmi,

I will wait until he comes
or quai

 N ka borng kpat

It has happened again

 U tibe nyenene

He will come again
nyenene

 Or ka quai

I must work hard        N chorm u sai
so that I succeed in lifeduwom

       okporsorng

 ko utung-
mandior N mbut
biain

I am ill, even then, I will
(follow) come with you
 (taba) quai na
 ngo

 N morka, nke-
 ndior N ka

I don't know whether
you will like to come

 N dorni bor
 a ka yau u quai

Until it ceases to rain, I won't know    Kpat mun tire u
what to do       norp, N didor
qua N ka sai

If not for you            Airaing ngo asik
I would have been in big trouble   M biri de a ikpor
a nfina

Had it not been that they came in time,  Ereng be quaiI
would have beaten her very well    asik aiti ini,
 mbiri quop aye

                      aiti-aiti

Like it or not, you will follow      Ayaya na ayani, me
to the farm today         achorm utaba
mmi ekpang
ndaikwai

He said that he will come        Obeke a mong
or ka quai

I will come because he invited me   N ka quai
antakha okona
mmi

My father will also come        Amene omi
daing oka quai

Perhaps he will not accept to come  Ncheneruk ori
baima uquai

# Chapter 11

## Exclamation – Bantainakochok (Sing=Antainakochok)

### 11.1 Introduction

An exclamation is a word that is used to express joy, disappointment, surprise, warning or anger, and is denoted by the sign "!" at the end of it. **Bantenakochok** literally means "those that denote shouting".

### 11.2 Examples of exclamations

| | |
|---|---|
| A sai-o! | Thank you! |
| Ukem! | Enough! |
| Ndior! | Exactly! |
| Inghi! | Sorry! |
| Mbema! | Agreed! |
| Kwai nor deket! | Come (you all) and see! |
| | |
| Obasi a echong-aih! | God on high! |
| Kpiya ingwha! | Shut up! |
| Neu! | Silence! |
| Nyenene! | Again! |
| Tonghor! | Start! |
| Tire! | Stop! |
| Baat! | Stand! |
| Dama! | Jump! |
| Ukut eh! | High and might! |
| Chou! | Dance! |
| Seeng dunyor! | Go ahead! |

| | |
|---|---|
| Biai ibor! | Applaud! |
| Kpa ikpo! | Ululate! |
| Omuna! | Lord! |
| Bari mandio chang mmi! | Forgive me! |
| Seeng kaik! | Go away! |
| Kaichim! | (No) noise! |
| Aih, aih! | (An expression of disappointment) |
| Ekora! | (An expression of disgust) |
| Yowoo! | (An expression of a misfortune) |
| Anhao! | (An expression of good fortune) |

# Chapter 12

## Asking Questions – Ubuwi Bumbume

### 12. 1 Words that's ask questions

| | |
|---|---|
| What? | mmung? |
| Where? | mmang? |
| Why? | ntak a? |
| Which? | mbuni/ |
| | nquoni/ |
| | nyini/ |
| | ncheni? |
| Who? | meeng? |
| Whose? | bameng? |
| How? | nning? |
| When? | ini nyini? |
| | (meaning |
| | "which time?") |
| What else? | mmung |
| | uruk? |
| How many/much? | bawang? |
| | Munwang/Biwang/ |
| | Bawang? |
| How much? | Munwang/ |
| | Kawang/ |
| | Iwang? |
| How many times/How often? | nta |
| | orwang? |
| How much time | Ini iwang? |

**12.2 "Only", "Which"** and **"How much"/ "How many"** change their forms depending on groups of words, as shown in the table below:

| Groups of words | Only? | Which? | Plural for specific number | How much/many? |
|---|---|---|---|---|
| biain (one thing) | Mbornambor? | Mbuni? | borkor | |
| Bekork (a bed) | | Mbaini? | bekork | |
| Korsowa (chair) Kakam (a plantain) Kakang (a quill) Kaikpait (a cocoyam) Kornorngha (a bed) Kantak (an insect) Kainai (a stick) Karia (a yam) Kaana (a branch) | Nkornankor? | Nkaini? | borsowa bakam bakang baikpait bornorngha bantak bainai baria ba'ana | Bawang? |
| Kwen (a child) ornaton (a woman) ornerom (a man) ntem (a friend) | Nquornanquor? | Nquoni? | ben bornaton bornerom bantem | |
| Tian (a basin) Kini (an ant) | Nkornankor? | Nkini? | bian bini | Biwang? |

| | | | | |
|---|---|---|---|---|
| Chaap (an animal) Echari (a bitter kola) Chioop (a porcupine) Etoom (a drill) Ekpere (a wild yam) | Nchornanchor? | Nchaini? | ichap ichari ichiop itom ikpere | Iwang? |
| Itum (a door) Ikot (a spoon) Itort (a bird) Inaii (money) Intork (a midge) | Nyornanyor? | Nyini? | muntum munkot muntort munaii muntork | Munwang? |
| Dona (a fire place) Dabai (a breast) Daikait (a pool) Doronghi (a backyard) | Ndornandor? | Ndaini? | nona nabai naikait noronghi | Nawang? |
| Usan (a plate) Utang (a barn) Utoninkang (a lamp) Unaan (a stone) Unan (a wound) | Nquornanquor? | Nquni? | nasan natang notoninkang nanaan nanan | |
| Dukam (a | | | nikam | |

| | | | ninang | |
|---|---|---|---|---|
| plantain)<br>Dunang (a<br>bamboo stick)<br>Durorp (a<br>language)<br>Dukwang (a<br>leaf) | Ndornandor<br>? | Nduni? | nirorp<br>nikwang | Niwang? |
| Nta (number<br>of times) | - | - | nta | Orwang? |
| Ini (time) | Nyornanyor? | Nyini? | ini | Iwang? |

## 12.3 Practice — Dukpewi

| English | Dukpewi |
|---|---|
| What are you doing now/right now? | Mmung a sai aranghaquo? |
| What can you do? | A keme u sai mmung? |
| What do you want to do? | A kwaka u sai mmung? |
| What do you want to show me? | A kwaka u taina mmnung mmi? |
| What will you send to me? | A ka numa mmi mmung? |

99

What has brought you happiness today?

Mmung u
bakwai ngo
buneke-esin
ndaikwai?

What does all this mean?

Kpekpera
qwu ubura
nning?

What language is that?
Durorp
ndior?

Mmung

Where are you?
Where else shall we meet?
nenene
mmang?

A re mmang?
I kakpe

Why have you come here?
ma a?

Ntak a quai

Why are you so happy?
esin nyi ndior
a?

Ntak a neke

Why is it like that?
ndior a?

Ntak ure nyi

Which book belongs to you?
nchaini
echorm ngo?

Nkwet

Which child is yours?                        Kwen nquoni
ore ongo?

Which time/when did you arrive/enter here?   Ini nnyini a
rioni ma?

Who is that by your side?                    Mmeng ndior
a dubam
dungo?

Who are you speaking with/talking to?        A tangha na
mmeng?

Who actually asked you                       Mmeng or
 to come here?                                  nekenekere
beke a ngo
a quai ma?

Who will follow me?                          Mmeng orka
taba mmi?

Who taught you guitar?                       Mmeng or
kpewere ngo
kita?

How is the guitar played?                    Be ruma nning
kita?

How is a book written?                       Nning be yairi
nkwet?

# Chapter 13

## Idioms – Irorp A Kpain
## (Sing=Durorp Da Kpain)

### 13.1 Introduction

An idiom is an indirect reference whose words may have nothing to contribute to its meaning.

### 13.2 Some common idioms

| Idiom | Literal meaning | Interpretation |
|---|---|---|
| Or chorm eti a kimbokoro | he/she has a good skull | he/she is intelligent |
| Or febi ibor | His/her hands are fast | he/she is a thief |
| Or koni butan ba diat | His/her chinbones are strong | he/she is talkative |
| Or choom edomsin unoon | He/she has a fowl's heart | he/she is easy to forget or convince |
| Or re kuun | He/she is a tortoise | he/she is cunning |
| Or re anfebi esin | He/she is a light-hearted person | he is an easy-going person |
| Or re antort esin | He/she is a hot-hearted person | he/she is hot tempered person |
| Or chorm bubot kokot | He/she has a white face | he/she is lucky |
| Or chorm bubiab kokot | He/she has a bad face | he/she is unlucky |
| Akurain kainainai | Akurain is clear | an outsider understands the language |

| Chornghi korngha | cough | to say something |
|---|---|---|
| I re okpokoro | we are at the table | we are eating |
| U kpii one disaing | to open someone's anus | to reveal one's secret |
| Utaina orne kankai | - | to teach someone a lesson |
| Iyeyebi i dani den | imitation busrts the eye | imitation could be dangerous |

## 13.3 Practice                    Dukpewi

He/she is an intelligent child

Ore kwen quo or chorm eti a kimbokoro

He/she is a thief

Ore anfebi ibor

Manfon is talkative

Manfon okoni butan ba diat

The man is easy to convince chorm edomsin unorn

Orneron kwo or

Osere is so cunning

Osere ore kuun

Akparika is an easy-going person esin

Akparika ore anfebi

Ojong is hot-tempered

Ojong ore antort esin

My child is lucky bubot kokot

Kwen omi or chorm

The visitor is unlucky;
he/she arrived when we had
cleared the table

Oken kwo or chorm
bubiab kokot; or rioni
ini a I chuna
okpokoro

We asked him whether he I bhu aye bor mmorng
stole the money          o chu munai mor
but he did not even cough   nnangha nke korngha
obiri chornghi

**Practice - Dukpewi**

**Obasi:** Welcome, Sir.
**Visitor:** Thank you, Mr. Obasi.
**Oroka:** I greeted before.
**Visitor:** That's right.
**Obasi** *(After Visitior has taken his seat)*: Ornerom kwo
obaqai nyenene borkor baokum?
**Oroka:** Ehn. Ita, bunkwet, mumkpakot, munei ba baikait
na ekese a borkor beruk.
**Obasi:** Ankorn okum a ornerom kwor. Okare nyuuk
nyenene bene ma....
**Oroka** *(Looking at Obasi straight in the eyes)*: Akurain
kainainai.

*(Obasi looks away uneasily and shuts his mouth.)*

**Visitor** *(Wakes up)*: OK, Mr. Obasi, see you later.
**Obasi** *(Uneasily)*: OK, Sir.

*Visitor leaves.*

**Obasi:** Kating or kpang?
**Oroka:** Ncheneruk.

# Chapter 14

## Proverbs - Nekeh (Sing=Ukeh)

### 14.1 Introduction

A proverb is a short, wise story that is intended to edfy
people.

### 14.2 Some examples of proverbs

1.  *Enyi e qai a koror iyik* (an elephant has come and you say
    see tusks, meaning *we already face problems.*)
2.  *Odia-dia odikom orneke na kito* (leftovers are tastful in the
    morning, meaning *it is wise to think about tommorow as one
    eats today.*)
3.  *Enanau e senghene na anchormi koornoort* (scabies maltreat
    someone without a nail, meaning *you can only maltreat
    someone without a helper.*)
4.  *Ekwe e qua be deu dunyor* (If a leopard dies the face is
    bought, meaning if an important person dies anyone can
    batter the face.)
5.  *Unorn u meeni dukork* (a cock cannot resist crowing,
    meaning *a person cannot hide his habit.*)

# Chapter 15

## Similies – Bantainabukaina
## (Sing=Antainabukaina)

### 15.1 Introduction

A similie is a comparison of two things with the use of the word like or as. In Korup, many similies are actually insults.

### 15.2 Examples of similies

| Durop | Dukat |
|-------|-------|
| Kort ke yiri ngha ka enop | The neck is long like that of an antelop |
| Iichon i kanghi ngha dunkpok | Nose large like a large metal gong |
| Ichon i yiri ngha nya ekoorn | Nose long like that of hornbill |
| Ichon i nyenghe ngha nya ebia | Nose is leaking (wet) like that of a dog |
| Iwon ngha nasandork | Legs like thorns |
| Bukpat bu diomi ngha ba osere | Feet small like those of a sunbird |
| Dono ngha da ekoorn | Head like that of a hornbill |
| Bekei betori ngha dion | The body is hot like fire |
| O yiri ngha Sornghor | He/she is tall like Sornghor |
| O kuwiri ngha kikukum | He/she is short like a stump |
| O tikiri ngha esorke | He/she is shivering like esorke |
| Nenen ngha na andon | Teeth like those of a crab |
| Or ya dumen ngha soi | He/she like drinking like a bee |
| Dunyor ngha da kormborm | Face like that of a bullfrog |
| Nen ngha na ekpukpu a diet | Eyes like that of bull frog |

| | |
|---|---|
| Ingwha ngha iyiri nya chion | Mouth as long as that of a crocodile |
| Dormorn de biabi ngha da choing | The voice is as bad as that of a crocodile |
| Baikait be kwoboro ngha ba yiang | Body as crisp as that of a pangolin |
| O sime ngha ebon | He/she is as stupid as a goat |
| Ket aye duseeng ngha enami | Look at his/her gait like that of a sheep |
| Inung i baat ngha nya okororo | Ears are standing like those of okororo |
| Dono mini-minin ngha chu okat | Head watery like coconut |
| Ingwha ikanghi ngha okpere | Mouth as big as calabash bowl |
| Or ya koyo'oror ngha nsorbe | He/she like wandersing like nsorbe |
| Bian bu bu saiki ngha otouese | This medicine is as bitter as bitterleaf |
| Or ya bunork ngha konkum | He/she likes fighting like a ram |
| Bukporka ngha ba ansang | Bad teeth like those of a frog |
| Beya bantem ngha biyobiyoyo | They love each other like biyobiyoyo |

# Chapter 16

## Reading – Dukoon

### 16.1 Introduction

This chapter is simply to provide an opportunity to practice some more reading. It includes prayers, songs and stories.

### 16.2 Songs Of Korup          Nortor Na Kororp

#### 16.2.1 Ekwe aroni, Nkwet aroni          Ekwe you don't know, book you don't know

Dusork:                    Solo:
Ekwe a dorni,              Ekwe you don't understand,
Nkwet a dorni...           Education you don't
                           understand...

Dunamini:        Chorus:
Ikpain ingo,               Your life,
A ka kpaini na mmung?      With what are going to live it?

### 16.3 Some Prayers    Nakam

#### 16.3.1 Prayer Before Meals    Akam A Daria

Bless us O Lord            Tooni ibon Ormuna
And this your gift         Nna kachang kaingo kai
Which we are about to receive   Ka i quaka u nami ndai
From your goodness         A bunorm esin bungo
Through Christ our Lord. Amen   U tunghi a Kraisi Omuna
                           obon. Ure ndior

### 16.3.2 The Lord's Prayer     Akam a Omuna

| | |
|---|---|
| Our Father who art in Heaven | Amene obon quo ore a Echong a Orbasi |
| Hallowed be thy name | Diin dingo di re di sasana |
| Thy Kingdom come | Dimi Ukara ungo u quai |
| Thy will be done on Earth | Nik kwa a ya u tibe a kaibain |
| as it is in Heaven | ngha arangha ure a Echong a Orbasi |
| Give us this day our daily bread | Chang ibon ndaikwai daria da kporkpora daikwai |
| And forgive us our trespasses | Bari chang ibon ubaii ubon |
| As we forgive those | Ngharangha i bariri chang |
| that trespass against us | bansai ibon ubaii |
| And lead us not into temptation | Kpara tunene korn ibon a iromo |
| But deliver us from evil. Amen | Ere tor ibon a ubaii. Ure ndior. |

### 16.3.3 He That Is Down     Morng Kwo Ore A
### Bukei

| | |
|---|---|
| He that is down | Mmorng kwo or de a |
| bukei | |
| Need fear no fall; | Or chormi u kworn ebom; |
| He that is low | A binghene bakait |
| No pride; | Ubiaibat u deni; |
| He that is humble | Morng kwo o binghene |
| baikait | |
| Ever shall | Kporkpor or ka |
| Have God to be his guide. | Chorm Orbasi ngha |
| antaina | |
| | ainain ormorng. |